刘|哲|作|品 ▶

刘 哲——著

法律职业的选择

清华大学出版社
北京

图书在版编目 (CIP) 数据

法律职业的选择 / 刘哲著 . —北京：清华大学出版社，2020.10

（刘哲作品）

ISBN 978-7-302-56454-6

Ⅰ . ①法… Ⅱ . ①刘… Ⅲ . ①法律工作者—研究—中国 Ⅳ . ① D926.17

中国版本图书馆 CIP 数据核字 (2020) 第 178390 号

责任编辑： 刘　晶
封面设计： 徐　超
版式设计： 方加青
责任校对： 王荣静
责任印制： 沈　露

出版发行： 清华大学出版社
　　　　　　网　　　址：http://www.tup.com.cn，http://www.wqbook.com
　　　　　　地　　　址：北京清华大学学研大厦 A 座　　　　邮　　编：100084
　　　　　　社 总 机：010-62770175　　　　　　　　　　邮　　购：010-62786544
　　　　　　投稿与读者服务：010-62776969，c-service@tup.tsinghua.edu.cn
　　　　　　质 量 反 馈：010-62772015，zhiliang@tup.tsinghua.edu.cn
印 装 者： 三河市龙大印装有限公司
经　　销： 全国新华书店
开　　本： 170mm×240mm　　　**印　张：** 16.25　　　**字　数：** 213 千字
版　　次： 2020 年 10 月第 1 版　　　**印　次：** 2020 年 10 月第 1 次印刷
定　　价： 69.80 元

产品编号：090330-01

献给我的儿子

希望他能跟从自己的心，快乐健康地成长！

作者简介

刘哲

北京市人民检察院首批入额检察官

曾办理山西溃坝案

设计并组织研发刑事公诉出庭能力培养平台

主要作品：

《检察再出发》

《你办的不是案子，而是别人的人生》

《法治无禁区》

《司法观》

"从心"者，取夫子"七十而从心所欲，不逾矩"也。能从己心，自由也；能从父母心，孝也；使人人能从己心，国家之栋梁、民族之希望也。使人人从己心，方有众人之治之基础；有众人之治之基础，方有规矩约束之正当。此三者，亲如兄弟姊妹也，而长幼之序亦不可乱也。从己心者非任己性也，从其本心也，动则三思，入则三省，历百事、经千山、破万水、阅沧桑，格物明理，方知人之本心也。从父母心者非唯命是从也，幼则孝悌，少则自强，壮则兼相爱也。使人人能从己心者，当有兼济天下之力也，需志存高远、胸怀天下，动心忍性、尝胆卧薪，博采众长、海纳百川，以中国之志愿求诸世界之理想，大同者当容大不同也。

你选择的其实不是职业，而是不同的进化路线

为人作序，非我所长。但面对刘哲的诚意，确实很难拒绝。我发现刘哲是一个出司法金句的高手，如"你办的不是案子，而是别人的人生"，已经成为法界名言。因此，我就在文集中挑了其中一句很有意义的话作为序言题目。

文集内容大致可分为六个部分，除最后一部分，即"个人视角的社会演进史"以外，其余内容均与司法职业及其个人体验（或如劳东燕所称"体历"——体验和经历）有关。作者不仅细致地表达了他对当下司法图像的观察，而且较为深刻地揭示了这些图像的背景和成因。

法律职业的比较与选择，是本文集讨论的一个重点。作者比较了司法官与律师的不同，也分析了同为司法人员的法官与检察官的区别。显然，司法官与律师的差异远甚于法官与检察官的差异。与此相对应，相较于在法官与检察官之间的选择，在司法官和律师之间的选择更为法律人所共同关心，在当前也就更有现实意义。刘哲的论述，也引发了我对这一问题的一些思考。

法律职业的选择，首先是成长路径的选择。刘哲对此有一些基于经验的生动阐述。他认为，体制内法律人的成长，奉行"长期主义"。这是因为："体制有一种很强的包容性，可以包容一些小的纰漏，给你成长的时间和空间。不会像律师行业一样，急吼吼地让你出活，让你创造效益。机关内部会用很长的时间培养你，有师傅带你，搞培训班、搞比赛训练你，

甚至允许你深造。""会把你当作一棵树苗一样好好培养，会很有耐心，即使你成材之后会选择离开这个行业，也不会改变这种人才培养机制和耐心。"他进一步分析："这主要是因为，司法机关的发展不是市场导向的，没有经济效益的压力，虽然也要业绩，但与市场效益不一样，应该说是一种司法政绩。而且人才梯队多，流动小，对人才的成长不会过于着急。"确实，总体上看，比起律师"自由生长"式的职业成长路径，有体制保障的司法官的职业成长路径更有优势，比如更有利于专业基础的夯实和实务经验的积累。不过，两种职业成长路径仍然是各有利弊的。律师职业面临的生存与竞争压力，在催生短期行为，造成律师职业成长的"拔苗助长"现象的同时，也是律师学习与进步的动力，许多优秀的律师正是在这种日益激烈的竞争压力下脱颖而出的。

其次，法律职业选择，也是不同的人生定位和生活方式的选择。尽管司法官和律师同为法律职业共同体成员，都负有维护法治、伸张正义的职责，但是司法官职业作为公职，无疑要发挥更大的作用，承担更重的责任。进入体制内，才有"通过公共权力的运用提升法治福祉的机会"，因为"这里是法治建设的主战场"。成为司法官，要比律师牺牲更多的"私益"，而服从和奉献于"公益"。这不仅意味着你与高收入无缘，在个人自由方面也要受到很大的限制。总的说来，作为司法官，必须在日常生活中保持高度自律，多方约束自己。比如谨言慎行，谨慎交友，随时在公共场合保持良好的职业形象，等等。而律师作为自由职业者，收取服务报酬乃是法律所保护的权利，也有成为较高收入阶层的机会，在个人生活自由方面受到的约束比起司法官也要少得多。

选择什么样的法律职业，并没有统一的答案可循。每个人都应当基于个人的追求、能力、性格、偏好等，作出适合自己的选择，或者在作出选择以后再进行职业切换。然而，结合现实状况谈论这一话题时，我作为资深的司法研究者又颇感忧心。在一个法治国家，正常的情况是：优秀的"在野法曹"，走向职业成功的一项重要标志，是被拔擢为司法官。但在我国当下，却呈现出一种相反的状况：一些优秀的法律人选择离开体制，或担任律师，或从事其他市场化法律服务。甚至导致一些大城市法院发布法官辞职禁令，以行政手段遏制法官"逃逸潮"。而在另一方面，事业成功的律师极少有进入体制成为司法官的。偶有个别例外，也是因为能够被直接任命为高阶司法官而作此选择。同时，一流大学的法科生选择进入司法体制的比例呈现出下降趋势（前不久和几位在实务部门工作的学生聊天，一位法院院长说现在来报考法官助理和书记员的，少有国内名校的。不过，一位监察委的主任插话称：报考我们这里的清华、北大等名校的学生还不少）。这种状况，会造成司法体制内优秀人才的日益减少。长此以往，甚至有人才枯竭之虞。在司法的主阵地上如缺乏德才兼备的坚守者，这对于司法质量的保障乃至法治社会的建设，其负面影响是致命的。

正是基于这种担忧，我一直鼓励我的学生坚守司法岗位，并对不惜牺牲个人部分利益在司法岗位上尽职尽责的法官、检察官表示充分的敬意。但我也知晓：维系正常、合理的职业选择及法律生态，减少法官以及检察官的离职，不能依靠行政遏制，也不能仅凭宣传教育。更为重要的，是采取有效措施改善司法生态，尤其是体制内生态。

刘哲的书中也有对这个问题的反思，虽然由于行文特点，未做系统论证而采散在叙述的方式。如关于"责任伦理"，司法责任制的改革方向无疑是正确的，但是由于司法与行政长期纠缠不清且行政权过于强大，一有风吹草动，对司法的行政审批与管制就以"加强监督"等名义旧态复萌，结果是："权力走了，但是责任留下来了"。还有一些绩效考核，既不能体现司法规律，又可能使司法官疲于应付，还可能损害司法官尊荣。这是一种"简单化的管理"。而如刘哲所说："简单化的管理只会破坏司法官对案件处理的真实意愿表达，为了规避自己的责任而放弃对案件品质的追求，这就是管理的悲剧。"在这里，我以为还可提到一些机关活动安排，虽然均称"十分重要"，但与"法律专业主义"似乎关系不大。

不过，"专业主义"本身也可能引起争议，因为在某些案件中，主张法律的"专业主义"，有人可能担心你忽略某些其他的价值需求。

从根本上讲，法律职业选择，仍与一些较为宏观的问题相关。如推进依法治国，在司法中应当如何处理政治与法律的关系；加强司法监督，同时如何实现充分的司法保障，包括司法官获得尊荣感和职业安全感；等等。这些问题如不有效解决，优秀法律人离开体制，选择较为自主性的"进化路线"就难以避免。由法律职业选择可以引起我们对司法与社会治理某些基本问题的反思，却不宜在一篇书序中展开讨论。只能用一句套话结束我的评论：依法治国和司法改革，"仍然在路上"。

四川大学法学院教授　龙宗智

二〇二〇年八月

听鱼说说水的状况

如鱼饮水，冷暖自知。

这句话让我想到：如果鱼能言，能告诉我多少水面下的明暗？如果鱼能写，会怎样描摹变化中的冷暖？

可惜鱼不能说，也不能写，也不能阅读，据说鱼的记忆只有 7 秒。

幸好人不是鱼，我们可以把自己从事的职业特性、职业环境、工作体验和成长经历，一五一十地写出来，把多年的记忆化成文字。

人不是鱼，可以阅读、欣赏这样的文字，并从中获得愉悦。

各位手中的这部作品，是刘哲的新作。算起来这已经是他的第五部作品了，前四部都获得了广泛的赞誉，特别是他书名之一的"你办的不是案子，而是别人的人生"这句话，已经成为许多法官、检察官和律师的口头禅，可见其影响力。这本书，一如已经出版的其他几本书一样，月下溪水一般流畅明净的文字，给读者丰富的营养。论题材，有特别吸引人的地方，作者在体制内，对体制有着细致的观察和切身的体会，他能够将这种观察和体会融入不断的思考中，化为写作的冲动，最终成为一本可读性很强的文集。

文章题目和内容都很有吸引力：《体制内外》《检法有别》《行业切换》都是对司法体制清晰、准确的描述，围绕要不要选择司法职业、选择哪一种司法职业以及是否继续留在司法岗位等几个核心问题展开；《进化法则》《司法物种及其进化》是对司法官与律师角色差异的准确和有趣的揭示，触及司法官要不要转行做律师这一令人感兴趣的话题。这几篇有一个共同的主题："职业的选择"。这对于已经入职和正在寻找工作以及思考自己未来职业选择的法律人来说，都是很好的纸上罗盘。《司法进步真正的阻碍是什么？》《司法的进化与退化》等篇，集合在"成长的烦恼"这一主题之下，书写的并不是个人成长的烦恼，而是司法机关，尤其是检察机关在发展道路上遇到的值得思考的问题，以及检察官与法官在执槌司法和出庭公诉中的甘苦与忧乐，给出的是司法机关的现状图景和法官、检察官的职业画像。作者将笔触伸向更深层次问题，《司法的属性》《我们为什么不自信？》等文，以司法自身的属性、改革中司法人员的心态和"司法产品"这类贴近司法改革脉动的各种问题作为言说的对象，探讨司法内部的机理。《你为什么不敢担当？》《所有的机械执法都会打着公共利益的旗号》《典不典的，还是要看内容》《论平庸》等文，是一组犀利的评论文字，对于司法人员缺乏责任担当的现象以及平庸化的表现，在刻意抑制的文字情绪中还是看得出来作者的些许失望乃至不满，爱之深则责之切，读这几篇文章可以体会到作者的心情。在《民法典》掀起的热潮中，作者保持了难得的冷静，一句"民法典也好，刑法典也好，也不是越厚越好，名字叫得越大越好，这不是应该追求的立法政绩观"，足以见到他拒绝盲从的态度。在"即席的表达"一章汇集了几篇很有见地的介绍诉讼技巧和方法的文章，从口才、眼神交流、情绪控制和心理承受力等方面介绍了作者的司法经验，很具有实用性，作者的一些观察与思考，确有自己的独到之处。在"个人视角的社会演进史"一章，作者别出心裁，将自己的个人经历与社会变革进行了连接，通过个人的若干经历反映社会的发展进步，《通知》《微信》《自组织的尺度和演进》等文，都能够使读者读之会心微笑，每个人的体验都差不多，能够曲尽其妙，却不是人人都能做到。

看刘哲的文章，不能不赞其很能写，他有所感悟，很快成文，是下笔最勤的几位检察官之一。他不仅能写，也写得非常好，言之有物，言之成理，让人爱读，启人思考。

司法同仁，读他的文章，会有许多共鸣，他道出了许多司法人员的心声；憧憬司法职业的人，可以预先领略司法的生态，为自己的职业规划找到指南；一般读者，可以了解司法的内情，走进司法人员的心内，从而对司法有更多的了解，对司法人员有进一步的理解。

我读这本书，想的是：无论是在哪一个"法律水域"，我们都是一尾尾能够思考，能够表达，能够书写的"鱼"。或在池塘，或在网中，或在江湖，我们的生存空间和视野无论有多大，我们可以告诉别人我们的冷暖体验，我们也可以阅读别人的冷暖体验，并且，还可以有进一步思考。

这个，显然很重要。

清华大学法学院教授　张建伟

司法实践的真实逻辑与法律职业的选择

在我选择法律职业的时候，没有一本用以指导职业选择的书。

那时我们只是从刑事诉讼法的教材或者相关学术著作中了解到不同司法机关的不同职能，而这些依据只是立法和相关司法解释的规定，普遍性的法学理论，以及对司法情况的侧面了解。为数不多的介绍司法实务的优秀作品，往往是译作。即使具有一些本土特色的书，也只是一种外部视角，始终如雾里看花。

而今我就站在这雾里。从事刑事检察工作十六年，在省级检察机关近十年，让我获得了一个审视司法工作的内部视角，从而有机会体会司法官成长的烦恼，触摸司法的内部机理，体验法治的现实生态，认知司法的真实逻辑。

真实的逻辑没有影视作品里那样的光鲜亮丽和理想主义，但是其复杂性却是任何艺术作品所望尘莫及的。真实其实更具有戏剧性。

但是真实往往有一种压迫感，让我们感到焦虑，也会由于过于纷乱而摸不到头脑。我们经常想抽取出一两条简单的逻辑，希望能贯穿始终，但最后又不免失望。

因此我不会给出确定的答案，我把职业之间的差别、发展的路径、进化的速度尽可能真实地呈现给你，我不会剥脱你选择的乐趣。你甚至可以选择之后再重新选择，但我会告诉你重新选择必然要付出必要的成本。

　　而且，社会在发展，对不同法律职业的态度都会发生微妙的变化，并且这个变化还在持续地发生着，因此我们对待职业的选择也要有一种开放的眼光。

　　因为你选择的不是当下的职业，而是这份职业的未来。这需要有一种大尺度的历史视野。

　　你选择的也不是一种职业，而是在对多种职业比较之后的最优进路，而这又需要对法律职业进行通盘把握的全局视野。

　　之后你还要立足于自己的定位、预期、能力禀赋，选择一份适合自己的职业。没有更好的职业，只有更加适合的职业。

　　而不管这份职业多么适合你，它仍然会有局限，会给你带来烦恼，让你的职业不会一帆风顺。

　　但没有必要马上就悲观失望，不能因为碰到一点困难就想着离开。因为每个职业都有发展的阶梯，虽然规则未必绝对公平，但也不可能绝对不公平。你需要把握的只是那些你能够把握得住的东西，找到更适合自己的发展轨道。

　　而对司法现状的真实评估，对司法真实逻辑的准确把握，有助于你建立科学的职业规划，保持必要的战略定力，也能够帮助你及时做出职业切换的决定，做出正确的选择。

　　因此我主张一种长期主义的法律职业观，不是追求短期的地位提升和收入增加，而是应该有一种终极追求，应该保有一种从量变到质变的耐心，当然更应该坚持持续不断的法律经验累积。

　　我同时也主张一种开放包容的法律职业态度，因为世界的发展正在呈现一种多元的态势，所谓的行业鄙视链只是一种静态思维和眼光局限，在更加开放宽广的法治视野中，只有发展和进化速度才是我们要追求的。因此，在一个行业中发展严重受阻时，及时调整赛道也不失为明智之举。

　　这个基本规律也在提示着各个法律行业的管理者，法律人才存在行业间的竞争。如果封闭保守，不能知人善任，人才就会流失。不仅是个别单位的流失，甚至是整个行业的流失。而人才的流失，又将削弱一个单位甚至一个行业的竞争力。

因此，法律职业的选择同样是行业管理者所要予以关注的问题：应该关注本行业的生态现状和竞争机制是否健全完善，否则单位和行业也难逃自然选择的命运。

而单位之间、行业之间为了争抢法律人才所展开的良性竞争，必然会倒逼司法体制的进一步改革，从而产生促进法治发展的功效。

试想一个司法官都想着辞职的单位和行业，它能没有问题吗？而如果律师都要争着转行被遴选为司法官时，那司法官的地位和司法机关的公信力还需要再担心吗？

法律职业的发展和兴衰是法律人自己用脚走出来的，这是法治发展的真实逻辑。

因此，我关注法律职业的选择，我也关注通过法律职业选择的博弈所引发的法治发展。

刘哲

2020 年 9 月 18 日于西直门

目录

第一章

职业的选择

体 制 内 外

不久前，与读者讨论担当问题时谈及选择法律职业这个话题。这位读者在司法机关工作，但是很羡慕现在做律师的同学：不仅仅是收入高，而且自由度也更大。

但是我和他说，人家刚当律师的时候也不容易啊，保障性、安全感都不如你啊，社会地位也不如你，那个时候执业环境也没那么好，而且如果是大城市的话，都落不了户口。

而这些不正是你当初选择进入司法机关的原因吗？如果你的孩子学法律你又会建议他如何选择职业？或者你自己重来一遍你又会如何选择？

让孩子一毕业就当律师？还是先到司法机关积累一下经验，把户口落下来，再去当律师，把司法机关当作一个过渡的跳板？或者你把司法官当作一个终身的职业，如果那样的话，你会选择当法官还是检察官？

这些话题既是法科大学生关心的话题，也是正在考虑重新选择职业的法律人所关心的话题，其实也是所有法律人在职业发展受到阻碍的时候心中都会产生的疑问：是不是选错了行业？如果重选会怎样？

原来是男怕入错行，女怕嫁错郎，现在是都怕入错行。因为重新选择职业路线，将会损失很大的机会成本，想赶上去是很难的。因此，选择职业是非常重要的一件事，它不仅是起点，也是路线，而且非常现实，也很复杂，又是非常有趣的一个话题。这几乎就像讨论你想要一个什么样的人生。

当然这个话题也有很强的时代背景。如果放在十年二十年前，那将是一种很不同的职业环境和价值观，而职业选择偏好的变化也折射了中国法治的进步。

从职业初期的保障上来看，司法机关一直都要好过律师行业，这是显而易见的。这是一个职业安全感的问题，极端点说就是即使你干得不好，谁也不能把你开了，除非你是违法犯罪了。这就让你有很大的安全感，就比较容易放松。

但是你当律师助理肯定是没有这个职业保障的，你要真是干得不好，人家还真没法用你。当然，如果你觉得跟的律师不对，你也可以炒老板，这个职业选择是双向的。这就会从一开始就带来比较紧绷的职业压力，优胜劣汰的自然选择在发挥着重要的作用，背后是市场的无形之手在发挥作用，从而实现了资源的优化配置。

因为律所、合伙人，这些是要通过业绩来吃饭的，所以律师行业不养人。

相反司法机关就容易养人。有些明显不干活，甚至在单位无事生非的人，即使让领导大呼头痛，你也不能把他开了。你可以不提拔他，但是开除人是非常难的。这从一个侧面反映了这种超级稳定性。

这样的人都开不走，对于年纪轻轻的你来说，也就大可以放心了，踏实了，不用特别小心翼翼，因为体制有一种很强的包容性，可以包容一些小的纰漏，给你成长的时间和空间。不会像律师行业一样，急吼吼地让你出活儿，让你创造效益。机关内部会用很长的时间培养你，有师傅带你，搞培训班教你，搞比赛训练你，甚至允许你深造。体制内还是奉行长期主义的，会把你当作一棵树苗一样好好培养，会很有耐心，即使你成材之后会选择离开这个行业，也不会改变这种人才培养的机制和耐心。

这主要是因为，司法机关的发展不是市场导向的，没有经济效益的压力，虽然也要业绩，但与市场效益不一样，应该说是一种司法政绩。

而且司法机关人才梯队多，流动性小，对人才的成长不会过于着急。

还有一个原因就是司法机关的升迁通道也很慢，职级晋升每一个阶梯都要好几年呢，那么急切地要求你也没用啊，不可能那么快让你上台阶。可能也不是故意地保有耐心，而是内部循环节奏本来就很慢。

而律师只要干几年，就可以当上合伙人了，只要你有业绩就行。如果你更有才华，觉得现在的所都容不下你了，或者觉得这个所也给不了你想要的东西了，你自己开所都没问题。这些可能就是几年的时间。

但是这几年的时间，你在体制内可能还没入额呢，而如果到地级市以上的司法机关，甚至十多年也入不了额，连独立办案都办不到，更不要说参与管理了，很多管理层都要熬很多年。年轻干部进步快的不是没有，但也非常有限，而且往往还是综合部门上来的更多一些，凭业务起来的年轻干部很少，因为业务评价的周期更长。

但是律所就不一样，虽然当律师助理那两年可能被压榨的厉害，但是只要成为律师就很难压住你了，因为你有很强的职业自由度，你可以换所——如果不能及时给你合伙人待遇的话。他根本不会去熬着，这种职业转换的自由度在体制内是无法实现的。

所以不是律所有意尊重人才，而是人才自由流动的结果，你尊重人才，人才都不一定留得住，你还敢不尊重人才？但即使你是人才也要面临很大的发展压力，你可以跳但绝不能闲着，你想混饭吃也比较难，混饭吃的话你就将失去选择的自由。

这些激烈的竞争也决定了，它没有耐心慢慢调教年轻人的成长，聘你当助理的唯一目的就是要你提供最大的帮助，至于你是否有时间学习，并不是他们关心的问题。如果你没有通过司法考试就会很惨，因为律所不会专门给你时间来学习。

而司法机关原来对司法考试还是很关注的，那时候招人也不要求通过司法考试，所以很多人上班之后复习考试，有的甚至可能考好几年，每年机关都会给时间让你复习，部门也会予以照顾，鼓励你通过司法考试。

如果在检察院，你通过了司法考试，就可以成为助理检察员，可以独立办案了，也就是可以干活儿了。

这种耐心在律所是不可想象的，因为即使这么培养你，你也不一定能够在这里干长，那为什么还要培养你？虽然有一些人通过了司法考试，干了一段时间后会离开体制，但其实大比例的还是会留下来，所以它的这种培养是有意义的。而且即使他不通过司法考试，当一辈子书记员，你也不可能把人开除，你也只能受着，浪费一个编制，相当于这个人砸在手里了，这也是为什么机关当时对司法考试这么宽容的原因，就是因为人员缺少流动性。

因为缺少流动性，晋升缓慢，所以体现了一种对年轻人慢慢成长的包容和耐心，这是一段慢时光。但是这种优点在你成长起来之后，又会成为阻碍你发展的缺点。

而律师行业的激烈竞争使它没有耐心去长期培养人，而且从功利的角度讲，把过多的投入放到人才培养上是得不偿失的，不如高薪挖人，包括从体制内挖人，他们要现成的，他们需要你自己成为人才。竞争和流动，实际上也是鼓励人才自己成长，自己在行业内搏杀，只要你有能力，就不愁没有好的待遇和前途。但是如果你没有能力，也就不要抱怨竞争的残酷和不近人情，所以底层律师的日子也不好过。

这就是问题，如果你十分自律，你有很强的内在驱动力，那么在体制内外就都会有前途，但是律师行业确实发展更快一点。

但是从初始化培养基本的法律职业能力来讲，司法机关其实是一个更好的平台，会给你一个相对系统的法律职业培训，形成基本的法律职业能力。在这个意义上，司法机关其实更像是一个司法技能培训学校，培训毕业之后再做职业选择。事实上，不少律师都有司法机关的从业经历，也证明了这一点。

除了这些之外，还有更为现实的因素，吸引优秀的年轻人要先到机关这个"学校"来报到。

　　一个是户口，在大城市这是立足的根基，没有不行，除非是本地人。另一个是社会地位，尤其是在刚刚入职的时候，有人就会将入职单位地位的高低视为个人地位的高低，所以很多同学毕业的时候就会攀比谁的单位更牛，谁入职的机关更大，其实这只是刚刚开始，并不能决定你的职业成就。但是他可以满足年轻人的虚荣心，这种虚荣心也反映了社会对职业地位的判断，有官本位的心理存在，虽然现在也在淡化，但是依然存在，很多地方还依然严重。

　　虽然二三十年之后，你会抱怨当年带给你"虚荣"的东西现在对你来说是一种束缚，制约你的发展和个性解放，但是必须承认当年它还是给了你一种很重要的优势——至少是择偶优势，也就是好搞对象，虽然这也不是绝对的。

　　因为大部分人的配偶是在职业初期找到的，而不是等到职业中期，等到中年再结婚。也就是说当你找对象的时候，你并没有混出头，只能通过你的职业外观吸引异性，而不是真实的职业成就——只是职业成就的预期。这个时候，所谓好单位，带给你"虚荣"越多的单位，同样给你配偶及其家人带来的信心也越多，也就是好找对象，这也是某种意义的"性选择"。通过异性的视角，你会强化这种选择偏好，就是找这种稳定，看似社会地位更高的工作。虽然这些偏好不会通过基因遗传的方式，让下一代也长出华丽的羽毛来，但是它会通过社会观念的传承，来强化这种认识。也就是你父母的这种价值偏好，会帮助你作出职业选择，而你的职业选择也会给你带来同样的择偶优势，从而在心中验证了这种价值偏好的优越性，最后也会形成你的价值偏好。你再通过职业选择建议的方式，将这种价值偏好传递下去。

　　在这个价值偏好的传递过程中，你质疑过这种偏好的正确性吗？可能会，但是并不强烈。这个价值偏好的优势会发生重大的逆转吗，以至于甚至可能成为劣势，也就是让你不好找对象？这种逆转并未出现，但是可能在发生细微的变化。

首先，传统价值观决定了，家长的建议在子女填报志愿和职业选择上的分量还是很重的，子女在成年之后直至结婚之前对家庭的依赖都很重。很多人买房的时候都是要找家里要首付的，你找工作的时候能不听听家里的意见吗？而且工作又越来越不好找，同样也要借助于家庭的帮助，这就构成了代际观念传承的基础。

其次，职业之间的结构性差异也决定了司法官职业具有很强的吸引力。司法官也是一种公务员，有着公务员特有的高度稳定性，给人一种稳定的预期。而一般的择偶标准的前提，就是先不求大富大贵，先要有一个稳定的预期，这里面包含了收入、社会地位、晋升通道以及其他的社会保障。同时，司法改革所带来的司法官精英化也成为一种新的社会共识，也就是司法官可能是更为精英的一种公务员，社会地位的预期会更高，这也为很多影视作品，尤其是韩剧所强化。事实上，文艺作品对于社会观念的形成有很大的作用，很多时候我们都低估了。因为所谓的预期不就是一种想象吗？这些想象建立在制度、舆论、文艺作品以及社会一般观念的基础之上。就这些观念的初步判断来说，司法官是一份还不错的工作，找这样的对象，自己也比较踏实，老人也非常支持。尤其是单位的层级更高一些的话，那就好像前途一片光明，给人一种很踏实的感觉。虽然这种美好的感觉，未必是真实的发展进路，但是谁又能预想到？而且即使知道了其中的发展困境，也不足以抵消其稳定性的价值。在稳定性的问题上，社会的判断始终是没错的，这也体现了这种优势的不可动摇性。

再次，虽然律师行业的地位和收入水平在逐年提高，这些都增强了律师本身在社会的影响力。但是必须承认，这种个人的加速发展是以从业初期的不确定性为代价的。一是不确定一定能够发展起来，一定能够出名；二是加速发展需要跳跃，需要改变工作单位，甚至要自己组建团队，必须在高速变化中才能求得高速发展。这些必然破坏了传统择偶观念所特别看重的稳定性，也许年轻人可以接受，但是老人的观念会影响对这种观念的接受程度。虽然他的职业发展更好，但是在初期很难保证，求稳定、避免不确定风险的心理，影响了择偶优势。反过来，这也会在一定程度上影响年轻人的职业选择。

如果可能的话，就会先稳定下来，拿到司法机关稳定的初期优势之后，再出来再追逐律师行业的超额回报和加速发展，就成了不少人的一种组合选择。

但这种组合选择未必是一种最高明的选择，因为律师行业专业化程度越来越高，专业性积累也越来越深，也不是随时转身就能随时适应的。

而且社会观念也悄然发生着变化，包括一些反映律师行业的影视作品也让社会公众看到了这个行业的光鲜一面，感到比一般白领多了一份成就感。尤其是这个行业的特点就是通过代理一些有影响力的案件，通过法庭这个平台，还能够产生对社会公众的广泛影响。很多律师还通过担任社会职务和公共职务，来不断提升自己的社会地位。这些高速发展，甚至加速发展的态势，尤其是拥有更多职业选择的自由，通过市场竞争所带来的发展公平性，又成为职业中后期的司法官所羡慕的优势。虽然这些还不足以动摇较为传统的择偶观念，但是已经开始动摇重新择业的观念，并对初次择业产生冲击，比如报考公务员的热度降低，个别高校法学院毕业生甚至都一般不考公务员。

而那些已经享受了父母奋斗成果的二代城市移民，从一开始就不用考虑户口问题，甚至对择偶问题也颇有自信，不需要通过考公务员的方式给予对方稳定性。甚至他们也不愿意通过牺牲自己择业自由的方式来换取择偶优势。另一方也不希望单单为了稳定性就降低择偶标准，尤其是自己已经获得稳定职业的情况下，就更没有必要屈就社会观念和家庭观念，即使在逼婚的压力下也不愿意屈从。

随着律师职业的发展、社会地位的提高，女性独立意识的增强，家庭观念影响力的下降，原来铁板一块的稳定性优先的择偶价值观也会受到一定冲击，从而减损了司法官的职业吸引力。

也就是司法官这个铁饭碗的职业优势也不是不可动摇的，如果不能适应时代发展要求，不能在职业发展公平性、畅通性、加速性上作出实质性改善，其职业吸引力在竞争中也会受到削弱。

原来有个老领导老说，你们这些年轻人不要轻易辞职，现在外边的工作多难找？但是辞职的还是很多，而且很多发展都还挺好。事实上，我们认识到一点，现在工作不好找，但是人才更不好找，也不好留，无论是司法机关的政绩获取还是律所的效益提升都是得人才者得天下，更不要说两个行业之间的竞争，更是看谁更能吸引人才，充分使用人才，才能获得更大的比较优势，才能在庭审实质化的舞台上处于更加有力的地位。

现在的问题就是即使给出高级司法官的职位也很难吸引到优秀的律师加入，但是还是有很多优秀的司法官，有些甚至达到了一定的职位但还是会选择离职，其中的差别不是岗位的高低，而是职业预期和发展机会的差异。

当然，随着律师地位的提高，以及职业融通度的提高，一旦有更高级别的司法职位向律师开放，比如由年轻的律师直接就任司法两长，我想那时候中青年司法官可能将更加坐不住了。目前，这主要还是通过学者挂职、任职的方式实现，但一旦进一步打通，就将实现职业逆袭效应。

在一个行业加速发展后，可以向另一个行业逆袭，从而突破职业发展台阶和周期的限制，当然也有利于司法机关内部运转的加速优化。

因此，无论从个人选择、行业发展和司法改革的角度看，其压力和挑战从来不是单向度的，绝不仅仅是自己有没有进步那么简单，还要看能不能跑得更快。传统的价值观和保障机制从来不是护身符，没有打不破的铁饭碗，都要从发展变化中对自己形成更加清醒的认识。

检 法 有 别

　　说实在的，我上学的时候也觉得法院好像更厉害一些，我的实习也是在法院完成的。不少同学都有类似的感受，某种意义上这也是法律人对终极司法权力的渴望，也是对理想法官形象的憧憬和想象。

　　殊不知，有一个叫作上级法官的职业，专门破灭你这种对终极司法权力的渴望，这就是审级制度。而且很多法官甚至不想要这种终极的司法权力，甚至主动寻求上级的指导和指示，从而换取责任的规避。这也是我们在学校最为痛恨的内请制度，我在实习过程中就遇到了，而且感觉已经习以为常了。而既然内请时已经拿了意见，那审级制度不就形同虚设了吗？

　　虽然推进以审判为中心的诉讼制度改革已经好几年了，但是这种情况丝毫没有改变，很多时候连刑期，甚至刑罚执行方式都由上级法院定好了。这样的话，下级法官还能定什么呢？这样的上诉还有什么意义？这样，对理想法官的憧憬和想象也破灭了。

　　所以我当时就在想，法院并不是我们想象的那样。

　　而且法院的门槛往往更高，因为还是有很多人有渴望和想象，加之对刑事法专业的需求也更少，因而从现实角度讲，检察院的入职相对容易一点。

　　这里面还有一个原因，就是大家对检察院的概念还是不太清晰，通过书本和报道并不能清楚地了解这个单位的真正职能，这就会给人一种不确性，这也会影响它的吸引力。

1.

除非你看的书足够多，你才能比较真切地了解其大致情况，所以从某种意义上讲，检察院是有认知门槛的，这在某种意义上也使它的作用被低估了。

其实越是接触检察机关，就越会发现它与法院具有趋同性，比如行政化这块，都差不多。规定的一个是领导关系，一个是指导关系，其实都是领导关系，有些时候法院的领导关系体现得还更明显一些。

就比如省级人财物统管来说，不仅是检察机关要统管，法院也一样要统管，并不会因为是指导关系就不统管。但是如果人财物都统管了，那还能叫指导关系吗？这就是真实的逻辑，与书本不同，与规定也不同。

事实上，法院又由于审级制度的关系，与内请制度相结合就形成了一种更强的内部关系，很多时候上级法院都可以管到具体的量刑，甚至执行方式，是否定罪就更不用说了。而一旦指导意见出了，那二审的意见也就很难有改变了，使下级法院不得不执行。因为指导意见是部门领导拿的，而改判的意见往往还是要经过部门领导，这个意见就不好改变。再加上人财物还统管，又怎么能不执行？所以表面上是指导关系，但实际上已经形成了领导关系。

而检察机关是形式上的领导关系，但是在业务的指导上反而效力没有法院那么强，因为这里面还隔着一个法院，也就是上级检察机关的指导意见，很多时候是需要法院来检验的。比如下级院做了不起诉，上级院要纠正，那就是起诉。但起诉法院不一定判啊？如果判不了，你这个指导意见不就被否定了吗？为了降低被否定的风险，所以意见一般也不要那么绝对，要留有余地，这就显得没有那么像领导。

事实上，原来的领导方式主要还是体现在侦查力量的调动，现在侦查职权限缩，这种机会没有那么多了。

有人说，公诉案件不是也需要调动人手吗？这种情况确实有，但是这种人员规模首先没有那么大，而且由于属地任职制度的限制，很多其他地区的检察官难以在本地出庭履职，这就使调动受到了很大的限制。

虽然一直在推动公诉人跨地调配机制，但一直难以真正运行，人员实际上是被条块分割了，即使资源整合也只能做一些幕后工作，这就在很大程度上限制了领导关系的行使，基本上还是各干各的。

所以同样是人财物统管，但是具体的表现是不一样的。由于自己的指导意见不一定能被法院确认，所以检察机关在指导上往往表现得比较粗线条，抓重点，这客观上给下级院和办案检察官以一定的自主权，因此更像指导关系。

而由于法院握有审级制度的终极决定权，能够说改就改，因此就管得很精细，而且对执行彻底性的要求更高，这实际上就更像是领导关系。

这些还是院际之间的关系，实际上在内部也是如此，同样是贯彻司法办案责任制，检察机关在开始的时候就相对彻底一些，很多中层就真的不审批案子了，但是法院的中层很多还在审批案件。

当然现在审批制回潮了，又有所变化，但是你会感到很多检察机关的中层领导充分体会到不批案子的好处后，其实反倒是很排斥这种回潮，并不特别愿意批案子了。有的中层领导就咨询过我，如何能够尽量不去批案子。

从内部行政化管理上讲，还是法院更强，检察机关相对弱一些。这同样是检察机关作为中间环节的特殊性所致，就是即使你审批了，也不是最终的结论，还有法院的确认，如果法院不确认，你的审批意见也将被否定。也就是检察机关的审批是有一定风险的，尤其是你拿的意见与承办人不同的时候。最后的结论很有可能是承办人是对的，你是错的，你可能要为此承担责任。

既然如此，那很多人就觉得多一事不如少一事。但是法院由于掌握了最终的决定权，尤其是上级法院，那他怎么批就怎么判，上级法院的意见就是最终的意见了，不需要其他的意见再行确认，自然风险也就越小，从而下级法院在审判权的行使上也就没有了心理负担。

所以某种意义上，检察机关的业务领导权受到审判权的牵制，无法做到绝对和彻底，所以难以强硬起来，客观上表现得相对宽松和缓和。而审判机关的指导权，由于缺少有效的制约，处于终局的地位，同时又结合人财物的管理权，反而表现得更加彻底和强硬，表现为不容置疑的权威，而如此强硬的指导权实际上就逐渐演化为实质的领导权。

这种行政管理模式的反差对司法权力的塑造也会产生影响，就比如说以审判为中心的诉讼制度改革以及庭审实质化，这些需要发挥法官自主性的工作，就很难推动起来，他什么都定不了，也就不愿意麻烦了。

但是捕诉一体之后的检察官，自主性就发挥得比较充分，包括不起诉、不批捕数据的提升就是一种证明。所以有时候你看到的一个显得更加客观中立的检察官和一个咄咄逼人的法官，这不是他们自身的面貌，这是由他们背后的力量塑造的。

2.

行政化色彩更强，目前是法院的一种特色，但是我们必须承认法院的业务色彩也更浓厚，从而逐渐塑造了一批业务素质过硬的司法官，甚至是专家型的法官，在专业素养上形成一种普遍性的优势。

前不久好像有一个法学专家的名单，法院系统的法学家就更多一些，出的成果也更多一些，对法学的整体贡献更大。

学术只是一个方面，普遍上我们感觉还是法官对业务更专研一些，专研的时间长了，能力水平自然就会提高，这是一个非常浅显的道理。

刚才说了他们受到更强的行政管理，但是为什么没有放弃思考，还要继续钻研呢？这有几个原因：

一是有判决书这个载体。

无论是审批也好，内请制度也好，判决还是要自己写，措辞还是要自己组织的。

　　而判决书的说理性已经强调很多年了，又有《刑事审判参考》作为榜样和激励机制，好的判决书可以修改为案例发表，甚至直接刊载在《刑事审判参考》上，法官有这个动力把判决书写好，也就是说很大程度上法官将写好判决书作为一个职业成就看待。

　　尤其是近年来判决书还普遍性地公开，其公开的深度和广度要高于起诉书，内容的丰富性和吸引力也高于起诉书。这就使得法官要更加谨慎，对于一些法律问题，如果不研究清楚，那马上就会被千夫所指，毕竟专业人士也在看。所以正是这种职业压力迫使法官要多研究一些问题，从而好把判决书写到位，最好写出一些水准。

　　二是终极司法权力的压力。

　　刚才也说到审判掌握的是终极的司法权力，就像很多法官说的，他们是"敲锤子"的，他们是案件的最终裁决者，是要真正定纷止争的。所有的问题都要考虑到了才能下判。

　　所以当我们看法院卷的时候，发现在提起公诉之后，其实法官还做了大量的工作，包括证据的核实，与当事人及其家属的沟通确认等，这些都要考虑清楚才能定罪量刑，才能做出让人信服的判决。

　　长期以来，检察机关主要满足定罪请求权，对量刑问题考虑得很少，原来是不提量刑建议的，后来提了也是非常大的幅度，提了跟没提差不多。

　　这里边不仅是量刑经验的问题，还有就是像法官做的那些围绕量刑的细致的核实确认工作，我们没有做，也不愿意做。

　　检察官就相当于干了一半的活儿，而量刑这另一半的活儿我们没有做。法院考虑得多，是累，但是日积月累下来，水平的消长也就在情理之中了。现在认罪认罚主张提确定刑量刑建议还稍微好了一点。但是法官多年来积累下来的业务优势是一时很难超越的。

　　三是法院的业务部门整体地位高一些，崇尚业务研究的氛围更浓厚。

　　法院的业务庭比较整齐，刑庭一两个，民庭好几个，行政审判庭，审监庭，比较整齐，都要开庭办案子，对办案子的难处和重要性有共识，业务干部也多，话语权也大一些。

虽然检察机关90%的工作量在刑检，但是部门有限，话语权也有限，虽然一直极力拓展其他业务，但是这些业务的差异性大，缺少对出庭办案的感觉，也缺少对办案难处和重要性的共识。

最后就是案件范围泛化，只要有一个业务部门就拥有一种案件定义权。

而且他们不定义也不行，为了生存和发展还是要定义，这就导致了案件定义的泛化。

通过案件泛化的定义分配员额，蚕食了主业的资源，与实际的案件量不成正比，有些综合业务部门甚至占有了更多的检力资源，这样的结果就是啥都是案子，真正的案子也就不算啥了，也就无法得到应有的重视和激励。

法院对于什么是案件的定义更窄，《最高人民法院关于加强各级人民法院院庭长办理案件工作的意见（试行）》第一条就明确规定："各级人民法院院庭长入额后应当办理案件，包括独任审理案件、参加合议庭作为承办法官审理案件、参加合议庭担任审判长或作为合议庭成员参与审理案件，禁止入额后不办案、委托办案、挂名办案，不得以听取汇报、书面审查、审批案件等方式替代办案。"

但是检察机关却将审核、决定，督办、指导都作为案件，将管理、分析、调研均作为办案业务的一部分。不能说检察机关的标准就一定不对，但是至少从办案的概念上，检察机关的概念要更为宽泛。这主要是因为办案部门缺少话语权所致。

既然真正的办案业务得不到重视，那专研业务就成为一种吃力不讨好的工作，甚至不如研究综合能力的提升更有意义。

这样逐渐在法检之间就形成了两种不同的氛围，一种是通过专研业务可以得到成长，获得进步，并激励其他人也专研业务；另一种是研究与不研究差别不大，甚至研究太深入还会被认为书生气太重，贴上业务干部的标签，与整体氛围不相协调。讨论案件，专研业务，通过业务获得成长的氛围自然不够浓厚。

四是对实际能力的关注存在差异。

不能完全说检察机关不重视业务，因为以十佳公诉人为代表的各类比赛，就是一种锻炼业务的平台。只不过这是一种虚拟的方式，与实践中真实的出庭办案存在很大的区别。

在比赛和模拟法庭等实训的同时，反倒是真正的出庭能力和办案能力没有得到充分的重视，会比赛不会办案的问题依然存在。

这是因为比赛是高度虚拟化的，抽取了很大的不确定性和复杂性，也缺少现场感和每句话都要负法律责任的真实压力，与瞬息万变的法庭无法相比。而且比赛具有很强的偶然性，不能充分反应日常的水平。

而且总起来讲，考核的更多的是庭前的一些案头工作，主要体现在对一些案例中法律问题的学理性分析能力，由于时间关系无法考察对复杂证据的把握和判断。

与此相比，法院的比赛就很少，主要比的还是判决书，而判决书虽然只是一份文书，但它是审判能力的全面体现，也是审判经验的全面累积，最重要的是它是真实的，它要产生真实的影响。

事实上，法院的审判工作主要就是体现在写判决，法官在庭审审理的过程中，也是琢磨如何写判决。虽然看起来简单，就是一份文书，但它是真实能力的比拼，它包容了千差万别的真实可能性。

通过真实能力的锤炼，即使维度简单，但因为它真实，因而有用。

能够写出精彩判决书的法官，还能继续写出精彩的判决书，也能够继续审理好案件。

但是出庭辩论精彩的选手，却未必能够应付复杂的现实庭审情况，因为他关注了太多虚拟的经验，这些虚拟的经验在真实的场合并不一定好用，就像辩论技巧就远不如扎实的庭前准备好用。

3.

一个是重视业务，但工作更繁重，行政管理更加紧绷，充实但压抑；

一个是管理上相对宽松，个人的主观能动性可以得到更多的发挥，但是业务并未充分受到重视和激励，忙闲不均严重，不是不忙，而是要看你在哪个部门。

两者都存在一些说不清道不明的比较优势和比较劣势，这也取决于你在哪个地区，那个地区检法具体的管理风格和思路，这些判断都不尽然是通用的，还是要具体情况具体分析。

从能力成长来看，法院更能够夯实法律的基本能力，更扎实、全面和细致，这是它终局性思维方式和精细化行政化管理模式决定的，是法律工匠型人才的有力锻造者。

但检察机关，尤其是刑事检察，原来的公诉队伍，它对法律创新思维要求更高，要创造性地解决问题，尤其是在法庭上要现场应对，容不得像法官那样慢慢思考，同时也要承受庭审实质化的压力。所以公诉人转行当律师是比较容易切换的，因为同质化程度比较高，这一点法官的切换就会有点不适应。

但法官的研究能力更强，尤其是高级法院和最高法院的法官，经常要起草相关司法解释和规范性文件，某种意义上也是在承担"立法者"的角色。

终局性角色也要求他们要把一类问题吃透，才能对一类问题予以规范，所以法官讲课的能力就更强，他们对案件吃得更透，更愿意琢磨案件。

就是庭长也要经常亲自办案，亲自写判决，从而锤炼了他们对具体法律问题的思考能力，进而提高研究能力，形成研究成果，从而在观念和标准的层次又进一步影响法律职业共同体。

这也是法官转行到学术界比较多的原因，这也是一种思想力的体现，即使当律师，也是更多在发挥研究性的能力。

这种研究能力和研究成果的价值实际上是浓厚业务氛围的体现，目前医院就是这个方向，也就是通过尊重和鼓励专业能力，从而淡化行政权力的吸引力。

很多专家型的医生就选择放弃行政发展路线，从而更好地研究专业，很多学者也是这样。比如很多知名学者的行政职务并不高，他们也不在意，而那些过于追求行政职务的学者，最后很多却荒废了自己的学术事业。

虽然行政色彩更浓厚，审批制更多，但是由于人才选拔的业务性路线，业务能力反而得到了重视。

这种专研业务能力的氛围是非常难得的，但可惜的是缺少对审判机制的反思，尤其是在推进庭审实质化上，在反对司法行政化上，还缺少必要的反思，这也是一直被诟病的重实体轻程序的思想土壤。

虽然有浓厚的专研氛围，但是行政化毕竟是一种重压，对于思想比较活跃的年轻法官也容易产生思想束缚，从而产生抑制效应。这可能是很多年轻人所难以长时间忍受的。

检察机关经过重塑性改革与之前有了很大的变化，尤其是捕诉一体之后的检察官更加立体，虽然审批在收紧，相比于之前自主的空间还是变大了，尤其是上级管得还是不那么紧。应该说如果想干一些事还是有基础的，虽然未必会获得鼓励。但是如果你是一个自驱动性格的人，你还是可以有所作为的。

尤其是检察机关的可塑性仍然很强，到底二三十年以后是一个什么样的格局，还是会有不少不确定性，当然在这个过程中你可以参与其中，承受其中的挑战和收获。

但是现在的根本问题还是检力资源分配和激励机制重塑的问题，目前还存在很强的逆向激励问题，需要认真思考，否则会影响能力提升的良性循环，产生劣币驱逐良币的挤出效应。

检法之间的差异，并不是法律所宣示的指导与领导的差别，也不仅仅是检察职权和审判职权的差别，而是经由数十年发展形成的体制机制的细微而真实的差异，甚至是工作氛围上的微妙不同。

正是由于这些不同，才构成了不同的司法生态，从而演化为不同的司法物种。所以你选择的其实不是职业，而是不同的进化路线。

行 业 切 换

是什么让我们产生换工作的冲动？是工作不顺利，发展受到阻碍，是应该得到的机会没有得到，员额没有入上，不如你的人都得到了提拔让你感到不公正？是因为失望，还是看不到希望，还是只是想出去看看，丰满自己的人生？

可能每个人心中都有自己的答案，但是很多人并不愿意吐露心声，这是埋藏在他们心底里的隐私，甚至比离婚都隐私。因为这些原因实际上代表着人生曾经的挫败。

对于骄傲的人，是最不愿意承认自己失败的，他会将这份挫折描绘为对一份体验失去兴趣，而开始尝试其他，就像拣选商品一样，那样轻松地拣选自己的人生轨迹。好像他始终在把握自己人生的主动权。

好强的人确实是不愿意示弱的。

我曾经带着这些问题与前同事聊天，我直接抛出我认为的理由试图求证，得到的只有迟疑，没有明确肯定的答案。但是他们对于出去之后再次转行的理由，表达会更直接一些，那里给不了什么东西了。不过他们始终不敢对曾经就职的机关这样说话，即使已经离开很久了，他们依然保留了对体制规则的敬畏。

虽然离职的人不少，但是终究还是少数，而且也不是每个人想走都有地方去。但是不得不承认，很多人都有过换工作的念头。

这个念头很多时候只是一时冲动，但有时会像种子一样落下，再通过适当机缘生根发芽，最后成为离职的事实。还有的有心离开，但无力重新就业，就只好等到提前退休，让时间帮助自己离开。

但是许多的年轻人等不及，他们离职之后很多过得也很辛苦，有的工资收入并没有得到显著的提高。他们是冲突型的选手吗？他们的选择是一种错误吗？他们会后悔吗？他们的职业还在展开，还没到得出答案的时候。

原来司法机关离职的去向主要是律师行业，现在又多出了法律软件开发、公司审计监察岗位、公司法务、互联网公司研究机构、仲裁、公证，以及国有企业的相关岗位，还有极少数去了大学等研究机构。还有的是调任或者遴选到其他机关，算是还没有出体制。其实大部分仍然是绕不开法律这碗饭，只是法律职业的边界拓展了。

离开是一种选择，选择是希望获得新的可能性。

而社会的发展确实不断呈现多元化的趋势，成功的路不止一条，在一条路不好走或者走不通的时候，很多人就会选择换换。社会对其他领域的成功也越来越予以认可。

改革开放之后，从国家层面曾几次鼓励公职人员下海。当时是因为市场经济的发展还不充分，很多人"铁饭碗"的意识还很强，不敢往海里跳。当时社会的主要人才都集中在体制之内，官员下海确实也有利于提升市场经济的发展水平。现在市场经济得到了长足的发展，不需要鼓励，自己该下海就下海了。

对于司法官，现在也一样，也不需要鼓励，总会有一定的离职比例，充实到律师等各类法律服务行业当中，实现了法律人才的流动。

但有的司法机关认为这是一种人才流失，为了防止人才流失，它们想了一些办法提高离职的门槛和难度，这种方式即使暂时能够留住人，也留不住心，不可能从根本上解决问题，只是暂缓问题的爆发，甚至会促使一些内心摇摆的人下定决心早日离开。

离职不可能从根本上杜绝，唯一的解决之道就是创造更加公平合理的竞争环境，让更多的人看到希望，而不是一再失望。

社会发展的多元化，才让人有选择的可能，在多元化的发展背景下，很多市场化的行业能够得到长足的发展，比如律师行业，互联网行业，逐渐获得更多的尊重和认可，也就逐渐成为人才的聚集地。

这些行业吸引人的原因，并不是收入这些表面化的因素，更多的其实是成就人生的可能性。

可以说绝大部分离职者，都有一个共同点，那就是不甘于平凡，不甘于系统设计的路径和体制确定的发展节奏。他们是敢于打破惯性思维的人。

虽然他们的选择不一定是明智的，也许在体制内再等一等还是可以获得他想要的机会的。甚至是他刚走，机会就来了。但是人如何能够预知未来，又如何判断什么选择是对的？唯一能够确定的是只有选择改变才会有新的可能性。

而选择很多时候就是一时的冲动，甚至结婚都是，想太多的人往往成了恐婚者，这种恐惧很多的时候也是对选择的恐惧。

事实上，可以说人类的很多选择都不是深思熟虑的，都有冲动性的一面，都是理性和感性叠加的产物。但是这种感性的冲动，也不是无来由的，而是有契机的，甚至是有铺垫的，有些是压抑已久的，只是通过一定的机缘爆发而已。

导致爆发的并不是失望，因为失望总是有，真正可怕的是看不见希望。

即使是离职的人也明白一个道理，新的行业也不会一帆风顺，也会有坎坷和困难，甚至是屈辱，可能要承受比现在还大的压力，不可能没有失望。

人们并不是因为一次失望而离开，人们其实是因为一次又一次的失望累积成的绝望而离开。未必这么悲愤，但是感觉没有什么机会了，就是想换一下试一试，如此而已。

因此，很多时候，离职只是表明想尝试一下别的可能性。在这个行业不行，在这个单位不行，也许换一下是不是会好一点？

其实也未必好一点，这一点自己也是知道的，但是不尝试一下不甘心嘛，总之就是不认命，人生就是要搏一下吧。

因为也没有一个平行宇宙供你比较一下，哪一种人生会更顺利。而且即使出去没混好，打掉牙也得往肚子里咽，也要说好一点，应该早点离开的，也不能否定自己的选择。因为第一次选择还可以说是因为自己年轻，因为听了家里人的意见，而再次选择将没有推脱的理由，自己要承担全部的责任。

但是不得不承认的是，从旁观者的角度来看，大多数离职者对新工作确实是变得更投入了，原来在单位病病殃殃的，现在也到处出差了。原来经常打下手的，现在也有了自己的团队了。原来没有机会，只能服从安排的，现在不用再听凭安排了，只要上升势头受限，马上就可以自立门户，可以说走就走了。

出来以后一个重大的变化，就是学会不再等待和默默忍受，而是通过行动来获得空间。一个地方容不下，赶快换下一个。因为他们更加明白机会成本的重要性。

也就是你在干一份没有前途的工作时，不是因为没有收获而可惜，而是浪费在另一条赛道获得大量收获的机会，这个机会的浪费是最可惜的。在一个地方得不到赏识不要紧，并不等于在所有地方都得不到赏识，你在空耗的时候，会错过很多本来会赏识你的人和机会。

而且从原来被动等待求而不得的被动模式，逐渐转变为主动寻找机遇舍我其谁的主动模式，甚至是没有机会创造机会的创造模式。世界本没有路，走的人多了不就成了路吗？

但是在我们认识到机会成本的时候，也不要忽略了切换成本。换一个工作可不像换一件衣服那么简单，它实际上是在换一种活法，在换一种思维模式，在选择不同的发展路径和行业生态。

而且尤为重要的是，很多事情还要从零开始。不管之前是多么资深的司法官，都要从律师助理开始，然后才能转正。但是律师加入司法队伍，是可以直接从高级司法官开始任职，这个好像有一点不对等。当然一个是普遍的制度，一个是零星的机会，也不是一个概念。如果要重新考公务员的话，也还是要从司法官助理开始干。这个切换机制以后可以考虑改进，确实没有必要一旦切换就完全从零开始，这其实也是不符合实际的。既然是法律职业共同体，不能说我干了十年还是零吧？

其实这个从零开始的制度意义是告诉你，你要对之前的职业概念清零，重新学习另一个法律行业的规则和工作机制，虽然基本的知识和经验还是通用的，但是运行规则确实有着显著的不同。再拿原来的老一套是不管用了。原来的职级、资历啊，也没有那么多意义了，不再是论资排辈了，还是要看你有没有些真本事。原来的经验不可能马上兑换成新的行业经验，甚至还要向很多年轻人学习，因为他们在这个行业的时间长，他们实际上成了前辈。在新的行业内自己的地位被重新确定了，你要重新开始积累和学习，很多时候是在追赶。原来的人际网络不是没用，但是现在要以新的人际网络为准。

这个追赶的过程，这些需要重新积累的经验、技能、人脉和资历，就是切换的成本。你必须要接受比你年轻的人现在是合伙人，是老板，有些就是你同学，而你就是在给你的同学打工。

谁叫你当初选择的是另一个稳定的行业呢？你在享受稳定，初始社会地位高，择偶有优势，后勤有保障，成长有依靠的同时，也必须忍受不同的成长速率，也就是进化速度上的差别。因为你们承受的是不同的压力，竞争的激烈程度决定了，你们的加速度不一样，这是造成你们现在差异的根本原因。

而你之所以选择改弦更张，也是因为渴望这种更快的成长速率，从而满足自己的成长需求。

但是中途切换的重要一点就是要调整好心态，接受那些先来的人比你跑得更远的事实，并虚心向他们学习和请教，直到你也知道如何快跑，如何适应快节奏的工作和生活，如何快速地进行迭代。

适应这些之后才算是真正适应这种新的进化节奏。而如果你能够充分利用你以往的经历，你甚至还能够跑得更快和更远。

一是良好的工作习惯。

比如写审查报告，对案件进行归档和整理，本来在体制内觉得习以为常，但是在体制外这可能会成为一个优势。因为没有人强迫你这样做，为什么要干这些受累的事？可正是因为这些受累的事，才能够帮助实现工作流程的标准化，工作经验的有效累积，以及工作的有效协同。

这是一个小的例子。事实上，很多体制内一板一眼的规范方法，其实都是很有价值的，可资借鉴的。

二是更了解司法官的思维方式。

这是非常正常的，因为自己原来就是司法官，自己思维方式就是现在司法官的一般思维方式。而这种思维方式是非常微妙的，是长期的司法习惯培养和积累起来的，是真实司法运行逻辑的体现，这种潜移默化的思维习惯，很难描述，也很难习得。

没在司法机关干过，很难了解其中的门道。即使知道其中一两个惯常的做法，但是碰到新的情况，又不知道这背后的逻辑，其实这是一套完整的逻辑规则。

这对于从体制内出来的人而言，就是一种优势，比如更容易与办案的司法官和侦查人员沟通，也能够把握沟通中一些潜在的意思，也更容易获得对方的信赖。

三是更大的生存和发展压力。

加速的进化来自于更大的压力，早早入行的人，由于得到先机，也得益于自己早期的超额付出。他们早早地站到了一个比较有利的生态位上，已经成为合伙人，收入也到了一个比较高的水平，事业格局也比较稳定。进一步向上发展的动力也还是有，但是没有那么迫切了。

但是半道杀过来的这一批人，知道无论从年龄上和行业经验都不占优势，为了追赶先入行的人，为了证明自己的再次选择的正确性，也为了让自己能够站稳脚跟，获得更高的收入以满足打破舒适区所带来的不安全感，为了这些也要加倍的努力。

因此，他们会呈现出一种加速追赶的态势，并带着自己特有的经验和阅历，在发展一段时间之后就有可能崭露头角。

其实所有行业都有舒适区和安于现状的人，获得进步的原始动力，就是危机感和面对危机的态度。

正所谓生于忧患，而死于安乐也。

但是否意味着只有改换工作，把自己置之死地才能获得这种忧患感？

事实上，未必如此，因为忧患主要是一种意识，它是一种对困难的想象，既可以因为现实的窘迫，也可以因为内心的强迫。即使改变环境，如果不能激发出这种忧患意识，仍然可能是随波逐流。

从体制内离开，虽然可以获得个人的更大成就，从另一个层面追寻公平正义。但是也必然失去了从内部改善公共权力的机会，以及通过公共权力的运用提升法治福祉的机会，而这里是法治建设的主战场。

当然很多人正是觉得在这个主战场发挥不了作用，或者在融入宏大叙事的过程中无法感受到自己的充分提升，从而选择改变阵地，改变打法。

多元化当然有百花齐放的意义，但是宏大叙事的铺陈也需要有人来润色。

但是有需要并不意味自己就想要，这里边还要有一个个人价值和社会价值的统一问题。从目前来看，这是司法改革还有需要重点完善的地方，应该让真正有利于司法大局的发展的那一批人也有获得感，让司法进步和个人进步可以实现双赢，实现两者的统一，而不是完全抹杀一方，甚至还否定一方。

检验两者关系能否和谐统一，就需要回答好三个问题，即让人感到是否值得，能否有效果，以及这个效果和自己有多少关系。

改变司法环境、推动法治进步当然是值得的，但是不能给自己带来有形的回报，就会变得不那么值得。真实的逻辑其实是，你给社会的贡献足够大，名与利的回报是迟早的事，只不过会以意想不到的方式和时机出现而已。这个反应机制也一再为历史所证明。但这个迟早不能太迟，这个意想不到不能太出人意料，只有稳定的职业预期，才会有长期和高质量的职业投入。

能否产生效果，关键是方向性、持久性和策略性，符合时代的方向，具体可行的制度，坚持不懈的努力，再加上适时的推动，在大概率上就可以发挥一定的功效。但这里有个前提，就是包容创新和容错的胸襟，以及鼓励创新的激励机制。

能不能与自己有关，这是最关键的，这涉及荣誉和激励的归属问题，就像知识产权一样，只有在智慧之灯上添上利益之油才能越烧越旺。只有精确和实在的激励，才能让人相信这个宏大的事业与自己付出的联系，才能调动自身更多的热情。这些到位的激励，也会让旁观者看到正确的导向，从而引发他们更加积极的司法行为。而如果是不公正的激励，也同样会产生离心力式的连锁反应。

虽然机关不会缺少人，但缺少真正的人才，以及人才的真正投入。如果真的看重人才，那我们就必须拿出尊重人才的态度。

因为人总是有选择的，即使那个选择具有很大的不确定性。但是人生不就是一种不确定性吗？选择从来没有对错，它是一种拥抱这种不确定性的态度。

事实上，有选择是时代的进步，而能够作出选择，拥有承受不确定性的能力是个人的一种进步。在作出选择之后敢于坚持与始终保有作出选择的能力同样重要。

可以说，不确定性就是我们这一代人的宿命，保持危机感和忧患意识，能够在动态中把握人生，才能获得未来的进化优势。

进 化 法 则

我把法律职业比喻为不同的进化路线，因为它们的规则差异现在越来越大，输出的人才类型和人格特质也越来越迥异，就像不同的司法物种。

既然是物种，就要遵循进化的法则，才能避免被淘汰，才能在自然选择中胜出，而从总体看法律职业越来越呈现饱和状态，法科生就业困难，法律专业已经不是热门专业，进入司法机关的路很窄，每年招不了几个人，进去了也很难入额，入额了也很难遴选到上级司法机关。

律师行业也不好干，大的律所也不好进，真正想出名是很难的，很多都过得很疲惫很挣扎，还要面对与司法机关离职人员的竞争。

而大公司里的法务及相关部门，也逃脱不了大企业病，晋升困难，而且永远属于边缘性行业，很难进入公司的管理层，成为企业家更是难上加难。

学法律的人没有什么高科技可以用来搞发明创造，无法成为真正的创业者。很多挣扎来挣扎去，还是要回到律师岗位，但是律师的人数已经很多了。

真正有价值的案件，那些大案子早就垄断了，这个行业也呈现一种金字塔型，作为塔基的小律师很多，但是塔尖很窄，很多人就挤在去塔尖的路上，但是他们知道可能永远都无法到达。而且在通往塔尖的路上，你还要忍受司法不尽完善的现状，竞争规则的不尽公平。

所以在这篇文章中，我就谈一谈这些进化的规则，看看是否对你的职业发展有所帮助。

1. 如何理解适者生存？

首先永远不要指望规则是绝对公平的，因为这是不可能的。规则都是相对公平的，都有它不完善的一面。而你看到的就是规则的相对不公平，你的抱怨有道理，但并不能解决问题。

你的确可以改造规则，但你要先经由这个相对不公平的规则达到一个位阶，然后才能拥有改变规则的话语权，而且也不是绝对的，只是可以施加更多的影响而已。但你能确信那个时候，你还有改变规则的动力吗？因为那时你可能已经成为规则的既得利益者。

无论你是年轻的时候，还是拥有了一定地位的时候，对规则的完善推动都需要有一种公益的精神，因为你不是唯一的受益者，而其他的受益者也未必会领情，你必须有着很强的奉献精神和理想主义，这样的人不是没有，但是不多，成功的就更少。

对于大多数人来说，讨论如何适应规则是更加现实的事情。不要仅仅看到规则的不公正，事实上就我的经验而言，再不公正的规则都有公正的一面。你原来以为那些充斥潜规则的地方，其实也有明规则。为什么这么说呢？

因为任何机构、组织想要发展都要由真正的人才来推动，不可完全都用自己人。尤其是竞争比较激烈的行业，为了确保自己的竞争优势，更要强调人才选拔的公正性。

而竞争越不激烈，也就越不用强调规则的公正性，因为它没有外部压力和危机感。但是仍然不可能是完全不公正的，因为即使是领导为了进步，也还是想干点事的，而干事就需要人才，越想干事就越是需要人才。

而你要做的，就是要尽量利用这些公平的规则，利用这些明规则，实现自己的发展。在体制内外，在不同的组织之间，这些规则的表现形式是不一样的，你必须自己去探寻。

很多时候这些真正有用的规则并不是以文件规章的形式出现，有些时候就是一些不成文的习惯、惯例，甚至领导的一种价值取向，正因此这些规则也具有一定的不稳定性，可能随着每一届领导的变化而有所变化，随着一些重大的改革而有所调整，因此你必须在动态中去摸索和把握。

把握这些规则，适应这些规则，就相当于适应这个特定组织体的生态环境，这就是所谓的适者生存——并不是强者生存，而是适应规则的人生存。虽然恐龙很强大，但是环境一旦发生改变，如果不能适应环境也就无法生存，人类没有尖牙利齿，为什么适应能力反而更强？就是因为人会进行主动调整，去适应环境，而不是上来就妄图改变环境。所以我们最佳的策略，仍然是动态地把握规则，并调整自身去适应这个变化的规则，在特定的环境中实现尽量的发展。

当然规则里边有明有暗，我的主张还是要适应明规则，而不是玩儿潜规则，因为后者会让你付出道德和法律的代价，虽然可以实现一时的进步，但是无法为社会规则真正接受，到头来可能是得不偿失的。

当然也不能因为有潜规则的存在，就对整个规则体系完全失望，还是要尽量从缝隙去看到光，向着有光的地方尽量地发展，因为即使你要走，也不是马上就能走成的，在现有的条件下尽快发展也是为适应新环境打一个基础。

2. 自然选择的方法不只有一个

即使你尽量适应，也还是无法适应一个地方的规则。这有可能是因为你个性太强，也可能是这个地方的规则太不好，到底是什么原因其实无所谓了。重要的是，你无须坐困愁城，就完全可以换一个环境。

因为人生不是只有一套游戏规则，一套进化法则，不是封闭式的博弈，而是开放性的博弈，并没有特定的规则，而且你还可以在规则之间游走。而法律和社会保障制度为你的选择提供了基本的保障，比如体制外的人也可以交社保。

到底如何能够成就一番事业，其实并没有一定之规。

你不适应一个地区的环境，不能在那个地方脱颖而出，不能得到当时当地自然法则的拣选，这并不要紧，重要的是你不能把它视为自己仅有的世界，钻入牛角尖，甚至导致心理疾病和生理疾病。这很大程度上是一个眼界的问题。

世界很大，不仅一城一池。

重要的是，不同的环境有着不同的规则，总有相对适合你的规则。而且越是市场化的规则，越是竞争激烈的环境，就越能体现出相对公平的一面，就越容易使真正的才华显露出来。而当你脱颖而出，在一个行业得到充分的发展之后，实际上你也获得了更加宽阔的发展道路，更容易获得其他行业的认可，因为法律职业共同体其实从上层更容易打通。因为规则之间也不是完全封闭的，它们之间总有或明或暗，或深或浅的联系，而且由于人数相对较少，这种联系也不关乎大局。

但是前提是你还得有真才实学，这才是关键。光抱怨是没有用的，如果你在一个地方干不好，是因为你没有学到本事，那在下一个地方也未必能干好。

跳槽并不是注定成功的，它只是给了你一种新的可能。

因此无论在任何环境中，走好自己的每一步，让自己获得更快的成长，才是最重要的。虽然不是一定能够发展起来，但是也都不会白白付出，所谓技多不压身，这些都会成为你的积淀，为真正的机会积蓄力量。但是如果只是抱着投机心理，在这边不好好干，在那边再碰碰运气，是不可能获得真正的成长的。

因此，不管你是在一个规则之下坚守，还是在多个规则之间切换，在每一个规则之下都尽自己的最大努力，在适当的时机，知道切换赛道，才是最佳的生存策略。

作为一种开放性博弈，很多时候就是在不同的规则之间跳跃，这是一种蛙跳战术，就像人生的虫洞，能够躲避冗长而不公正的规则束缚。

3. 发展是一个缓慢的过程，要坚持长期主义

虽然我们知道了人生的虫洞效应，但是我们也必须知道的是，这种赛道切换是要耗费巨大时间成本的，因为很多时候的切换都要从零开始，要重新适应规则。也不要对自己的适应能力过于自信，并不是每一个人都可以自如地适应不同规则的。

很多时候，你发展不起来，真的不是规则的问题，而只是你不够努力。你打过很多井，但每次都是要出水的时候就放弃了，这也是一种人生的无用功。

事实上，不管在哪个行业，想干出点名堂，没有个十来年的努力都很难。但是你的真正黄金发展时间能有多少？一般也就是二十年。事实上，你算一算，你真正的择业机会，大的行业转变，一辈子可能就只有一次，而不是很多次。当然在部门之间调整，在律师事务所之间的调整，还不能叫作大的行业更换。

所以我们有改变人生轨迹的权利和机会，但是并不多，可能就一两次，因此要极为慎重。

对待自己的每一份职业都要非常认真，它们都是你人生的一部分。

因此我们要保持一定的耐心，不要想着一定、马上就会出成绩，出成绩马上就会有说法，这有规则的问题，也有偶然性的问题，但都不是你放弃努力的理由。

因此，对于当下的职业一定要秉持一种长期主义的精神，不管它是不是会成为你的终身职业，干的时候都应该把它当作终身职业来投入。晃晃悠悠地干也是干，好好干也是干，那就应该好好干，因为你并不会因为好好干有任何损失。

而只有把一份职业当作长期职业来对待，才能舍得投入，才能全力去付出，才能专研业务，才能增长才干，也才有可能脱颖而出。即使在这个规则体系下不能脱颖而出，也会成为下一个规则体系下脱颖而出的

基础，甚至就是你能够进行职业选择的能力。如果连第一份工作都不好好干，可能连下一份工作都找不到了，也找不好。

而且我们知道，任何的成功都需要一个积累的过程，如果要真正的成功，一定要付出一些辛苦，一定要经历一个量变到质变的过程，没有成功是从天上掉下来的。

所以，长期主义才是性价比最高的理性主义，是纷繁复杂社会的一丝静气。

4. 自律和他律

很多人都知道长期努力的价值，但问题是没有多少人有这种持续的动力，毕竟自我驱动的人格是极为罕见的。

自我驱动的最大问题是，在长时间得不到有效激励的情况下，如何能够强迫自己不断地努力。

理想往往是宏大的，但是实现理想之路往往过于漫长，是什么促使我们走过这漫漫长路？

事实上，自律来自于两个方面：一方面是对未来的想象，对成功的想象越是逼真具体，越是能够延迟满足，越是能够甘于付出，这是伟大理想的目标作用；另一方面是就是给自己创造他律的环境。

有些他律的环境是规则确定的，你必须遵守，比如上下班考勤制度。但是具体上班干什么，就不好约束，所以很多人是出工不出力，拖延症是普遍存在的。

这就需要我们给自己创造一些规则约束。比如跑步这件事，很多人都认为很枯燥，但是跑到一定程度，身体会分泌内啡肽和多巴胺，产生内在的激励机制，所以长期跑步其实可以获得快感，不跑步都不舒服。而且为了督促自己跑步，给自己设定一些任务，比如一些半马和全马的任务。为了完成马拉松，让自己能跑下来，不至于很难受，很受伤，那提前几个月就要制订训练计划，强迫自己跑步。一些半马就相当于全马的准备。

有了这些任务倒逼，就相当于产生了一些他律的效果，让自己有了一定的约束。然后为了完成这些马拉松任务，自己定期跑步的任务也就坚持下来了，而且越是养成跑步的习惯就越是容易坚持下来，整体来说就进入了一种良性循环。写作也类似。

事实上，所有的自律都是一种他律，都是将外部规则内化于心的过程，以及自己对规则的想象、设定和执行的过程。

而当你达到一个阶段的时候，外部还会对你产生期待：跑友会督促你，问你最近怎么不跑了；读者会对你下一篇文章产生期待。这些期待就会产生荣誉绑定效应，你被自己之前的付出绑架了，你无法停滞，你的停滞不仅会让自己失望，也会让身边的人失望。当你背负了这么多期望的时候，你的努力就更多了一份道德义务，你不再是为自己活着，你也在为其他人活着。你不仅仅是使自己做得更好，甚至你的工作也会帮助其他人。这些都会成为你前进的不懈动力。

事实上，无论是对进化法则的适应，还是对进化法则的挑选，目的都是让我们成为更好的自己。我们要感谢那些压力、困难和挑战，它们既是阻碍，也是我们人生晋级的阶梯。而且我们还可以选择改变路线，从而跳开这些不公正的规则。但是我们知道，总有一些规则是我们无法跳开的，那就是我们自身真正的成长，它们只有经由汗水、苦工和咬牙坚持才能达成。

任何职业都是一趟艰难的旅行，不爬过山坡，是看不见风景的。

司法物种及其进化

随着专业的不断深化，法律职业的差异日益加剧，伴随着不同的演化逻辑，我们俨然成为不同的司法物种。

这里边最为显著的就是检察官和律师的差异。

他们的行业演化规则如此不同，同等资质的同学在两造之间从业十年之后，会产生极大的差异。而原来照本宣科，在法庭上放不开手脚的公诉人，改作律师数年之后就会变成侃侃而谈的律师事务所合伙人。

这种对人的塑造上的差异，近乎是物种意义上的，对比其中的差异，可以让我们更加深刻地理解彼此运行的底层逻辑。通过了解对方的生态环境，更有利于改造自身的生态环境，从而改变进化的方向和速度，以便更好地适应司法环境。

从几十年的发展表现来看，虽然两个行业都有很大的发展，但不得不承认，从影响力的增长情况来看，律师行业的进步速度还是更快一些。

检察官的发展是波形曲线，在起伏中前进，而律师整体上几乎是一个始终向上的曲线，这综合体现在收入增长、业务范围扩展、从业人数增加、担任人大代表和在社会组织中任职增多，以及对媒体和社会影响力增加等多个方面。

而且我们不得不承认，在律师队伍中其实有很多是检察行业中发展不如意者，而这些失意者，却在转行后有相当大的比例成长为律师行业的佼佼者。

所以，这里边一定有什么不一样的进化法则。

其中最大的差异就是竞争。

律师行业严格按照市场竞争的丛林法则，弱肉强食、适者生存。

这也体现在法庭的表现上，想出头的律师必须特别在意自己的表现，因为这不仅是给法庭看，也要给当事人看。如果是庭审直播就更好了，可以让更多的人看到自己的表现，相当于免费宣传，可以让自己获得名与利的回报。所以，律师看到摄像头就像打了鸡血。

但是公诉人看到摄像头往往会害怕。有些领导还会把一些庭没有出好，归罪于直播，其实直播是公平的，如果公诉人表现好，一样可以获得喝彩。

公诉人长久以来习惯于书面出庭，宣读起诉书、按照讯问提纲进行讯问、宣读证据摘要、宣读公诉意见、按照答辩提纲进行答辩，很少即兴表达。因为很多大案子的三纲一词都是层层审定好的，年轻的公诉人根本不敢做任何调整，即使法庭上发生了一些变化。所以你经常会看到翻找答辩提纲的公诉人，他总是期望能通过答辩提纲预测到法庭的所有情况，但这显然是徒劳的，谁也无法遇见到瞬息万变的法庭的所有情况。

而辩护人则更容易放开手脚，因为再普通的律师他也能做自己的主，他只要对自己负责就行了。他只要尽力说服法官，在当事人和公众面前尽量拿到表现分就可以了。而这种表现分一定不是通过照本宣科得到的。

而且法庭也不允许其照本宣科，法官经常会说，辩护人说要点吧，辩护意见书庭后提交法庭。这种对辩护的不迁就，反而成就了辩护人的即兴表达能力。有时候法官为了提高审判效率，会压缩辩护人的发言时间，辩护人就要抢着说，往往自称说五分钟，最后能讲半个小时。但是由于其滔滔不绝，能够抓住现场的注意力，反而让人对时间的流逝浑然不觉。

但是公诉人往往没有这种压力，法官虽然觉得枯燥，也会耐着性子，让检察官把出庭意见念完。但正是这种迁就，让公诉人缺少了脱稿说的压力，从而形成了书面出庭的习惯。

我们实际上只是在温室中成长。

二十年前，你可能觉得这种出庭状态没什么。但是律师行业经过二十年的普遍性磨炼，其即兴表达能力整体上要高出公诉人一个档次。这种变化是一点一滴完成的，这个过程浑然不觉，但是积累起来的技能优势是惊人的。

而在直播的情况下，你就可以一下子被二者的巨大差异惊到。

也不是我们不重视出庭，我们也知道出庭重要。但是因为我们的评价标准更多是行政化的，表现为更为详细的审查报告，层层审批，庭前的汇报等，十佳比赛比得也是这些，影响公诉人升迁进步的也是这些。因此，大家更在意案头的审查报告。而且出庭的标准难以量化，又没有审查报告这个载体，难以评价。加上侦查中心主义的长期影响，出庭效果对庭审结果的影响微乎其微，这就使出庭成了管理黑箱，处于一种无人管理的状态。

虽然大案子有领导在旁听，但也主要是监督既定出庭策略的落实，而不是真正在意效果，在新闻报道上，不会有太多现场画面，往往对庭审的效果是报喜不报忧。这些就长期掩盖了出庭的真实问题。

其实出庭只是诉辩演化分野的一个侧面。

为什么会有很多法官、检察官辞职做律师，而不是相反？

很多人以为是收入待遇的问题。这是一个原因，但并不是最主要的原因。

最主要的原因其实是发展机会。

在检察系统苦苦挣扎入不了额的助理，到律所几年后可以成为合伙人。

虽然现在合伙人也有泛滥的问题，但它确实可以直接满足人的成就感。你也可以说这很虚荣，但这就是人性。

追求荣誉感，正是人成长进步的动力。

体制内也有荣誉感，也有入额、自然晋升、提职提干的机会，但问题是周期太长，而且规则不够透明。

人的职业黄金年龄非常短暂，可能也就是 30～45 岁的这 15 年。这是每个人最后成为什么样的人的机会，人们等不了几个五年。但是确实有很多入职十年的助理在市级院和省级院也入不了额。

他们不是挣钱去了，他们只是等不及了。

入额只是一个方面，很多优秀人才的发展进度如果与自己预期严重不符，也会选择离职。

原来有个老领导说，现在工作多不好找，你们出去能干啥？

这其实是计划经济体制的思维，认为人脱离体制将失去发展的机会和活力。

其实现在是恰恰相反，是体制失去了人才才会失去生机和活力。

现在是人才稀缺的时代，人才并不缺少就业岗位，是岗位实实在在地缺少人才。

每年的应届生永远是够用的，总会把空出的编制填满。

但是那些经验丰富，会干肯干的人才是最稀缺的。很多部门领导会抱怨，人不少但是能干活的太少。

可是能干活并不是体制内发展的标准。我们有另一套标准，叫综合能力。

但是综合能力又是一种什么能力？

没有人能说得清。仁者见仁，智者见智吧。但是显然获得这种评价需要一种特别的情商。剪除棱角，左右逢源，获得上下左右不错的评价。不得罪人，让上级感觉舒服，就比较容易获得高分评价，从而助力其一路发展。

那种较真的、固执己见的，即使坚持的是正确的意见，也容易被评价为不懂方式方法，沟通协调能力不足，最终被定性为不成熟的业务性干部，难堪大用。

而律师行业的评价要更加务实一些：你能带来案源，但有了案源打不赢官司也不行。他们遵循的是市场法则，只有实实在在拿下案子的律师才是好律师。你请律师，并不是为了让自己舒服，最重要的是能给你带来效益，你请助手，是因为他真的能帮上忙。情商永远是有用的，但真正的成长还是要靠实力。

因为没有实力的律师挣不到钱，没有实力的律所无法与其他律所竞争，无法成长壮大。没有实力的律师，时间长了无法积累有效的行业口碑，也自然无法获得真正的发展。

事实上，如果你对有实力的律师表现得不够重视，不能给予其充分的发展机会，随时可能被用脚投票。更有能力的甚至自己就创业单干了。

这种尊重实力的进阶法则，来自于生存和竞争的潜在压力。

这就像我们在战争中提拔干部一样，我们必须把能打胜仗的将军尽快提拔提来，因为我们需要的是胜利，而不是让自己感觉舒服，因为胜利更加重要，这是生死存亡的竞争。

但是体制内很少有这种生存压力，案件质量差一点，业绩差一点，都不要紧，日子还可以照常过。经验材料从其他角度写一写，还是可以发现一些亮点的。

所以我们在选择人才的时候更多的是选择让自己舒服的，更容易掌控的，而并不是那些肯干而有棱角的。

因为我们不需要靠胜利获得生存，也不需要通过效益带来发展，因此我们对实力没有迫切的渴求。所谓谁都能干，让谁干都行，正是这个意思。

我们虽然没有破产的可能，没有失业的危险，但是实际上我们也有公信力流失的问题，也有社会评价的问题，这些虽然没有那么急迫，但是一旦失去也不是轻易可以弥补的。

事实上，用谁不用谁，从来不是领导意愿的达成问题。在战争中这事关生死，在律师行业这涉及饭碗和收益问题。在企业界也一样，你要招一个听话的CEO，还是一个能赚钱的CEO？

苹果公司在低谷的时候又把乔布斯请回来，他们不是不知道乔布斯的臭脾气和他的扭曲现实力场，但是他们只是希望能活下去。

乔布斯从来不会让人"舒服"，但这并不妨碍他成为一位伟大的企业家和改变这个时代的人。

事实上，一个伟大的人，往往都有很特别的个性，这既是他的缺点，也是他的优点，如果你把它们都磨平，那他只是一个平庸之辈。

这些人对社会的巨大贡献就是由于他们都有一块特别特别长的长板，他们所有的短板都可以通过别人的帮助予以弥补，但他们的长板却是无人可以替代的。

我们也需要不拘一格的人才选拔模式。

不拘一格地选拔人才不是我们在迁就人才，是我们在意检察人才对检察事业的真正贡献。就像尊重将军带来的胜利，金牌律师带来的效益一样，我们是将他们创造的价值置于个人好恶之上。我们重用这些不会讨好自己的检察官，显然不是为了让自己满意，但却是为了让人民满意。如果我们用了一些让自己满意，但是让人民不满意的人，最终损害的必将是长远的检察事业。

我们发现了一个普遍性的规律，一个伟大的时代一定是一个不拘一格降人才的时代。

而历史就是这些不拘一格的人才开创的。

如果我们不能用好这些人才，人才必然向更有利于自己的行业流动，从而为其他行业创造价值。

这种人才的流动性，其实是对进化法则的挑选，其挑选的一定是有利于自己的进化法则。

一个行业与一个国家、一段文明一样，其能否成长进步就是看其是否能够吸引到充分的人才，充分用好人才。

检察行业需要像律师行业学习的一点就是要充分认清自己的生存压力和发展压力，它被进一步削弱，甚至淘汰的风险仍然存在，它要对社会的评价保持高度的敬畏。所谓的地位一定是干出来的，一定不是说出来的。而这个干，一定是人才才能干好。

所以其实是检察事业需要人才，而不是人才需要检察事业。人才在其他行业同样可以开辟不同的事业，人一定会向最有利于自己发展的行业流动。

所谓事业留人，其实是更加优化的进化法则留人，给人才最有利的发展机会才能真正留住人。

这个进化法则的优化，就是更加公平广泛的竞争机制，以实力为导向的人才选拔机制，不断缩短的人才成长周期，这也可以叫司法物种的进化论吧。

第二章
成长的烦恼

司法进步的真正阻碍是什么？

司法的进步在形式上是显著的，诉讼制度的不断完善，司法官责任制、以审判为中心的诉讼制度改革的不断推进，这可以看作是"面上"的司法进步。

但更根本的其实是司法的观念，这就是本性难移的本性，它是从骨子里影响司法行为的东西，是司法者的价值观，它可以说是司法的"里子"。因此讨论司法观念的变化对观察司法进程更具有实质性。

但是两者确实是相互影响的，讨论司法观念的变迁也离不开对司法改革细节的回顾。

二十年前的暑期，我在一个高级法院实习，承担关于重大经济犯罪的课题，我就发现这些被筛选出来的案件中，普遍都要有司法建议，而我还要把这些司法建议的基本情况转录到电子表格之中，作为一项重要的指标性内容。

当时在我印象里，只是听说过检察机关基于法律监督职能，可以发检察建议，还真没听说过有司法建议。我当时想，这就是老师们常常说的理论与实践的差异吧。我想这应该就是司法实践的真东西了，我就赶紧请教一下，法官说其实与检察建议也差不多。那是不是说，监督职能也差不多呢？当然，这个问题是无解的。

还有一次，我座位上的电话一直响个不停，虽然一般我是不用接电话的，但是我感觉对方可能有急事，怕给人耽误了，就接起来了。对方是一个县院的，说请示一个案件，我说抱歉我是实习的，对方说实习的也不要紧，您就帮我听听看看怎么办？我想这样的话，我学的法律知识终于能派上点用场了，听了对方的述说后，我就给了点建议，并再次声明我是实习的。这是我第一次直接地接触到内请制度。

学校里的老师都是反对内请制度的，但是法官却习以为常。这可能也是一种理论与实践的脱节。不少学者呼吁废止内请制度，但是在上级法院，尤其是高级法院仍然掌握着考核、评价、人事任免等种种重要权力的时候，这又怎么可能？

这些道理是我后来到了市检察院才明白的，下级院在请示你的时候，很多时候不是他不懂，他只是怕自己办会受到批评。只要拿到上级意见这个尚方宝剑之后，即使有点问题，也不好批评了，因为这个意见毕竟是你拿的。虽然是下级的案子，但是也融入了上级的意见，这就是一种捆绑效应，如果批评这个案子的话，就相当于也批评了自己，而人们一般是不愿意批评自己的。

反正可以批评的很多，为什么非要拿这个说事呢？这样也就算了，这也是所谓的转移风险、转嫁矛盾。

不得不承认，批评也有选择性执法的问题。下级敬畏权力的同时，也在利用权力，利用选择性执法的弱点。

上级经常埋怨这种矛盾转嫁的行为，认为这是一种不敢担当，但真实的情况其实是，我们并没有敢于担当的土壤，选择性批评就让人无法建立稳定的行为预期。

其实请示并不是因为上级院高明，而只是因为上级院有权力对下级院进行评价，或者说如果没有批评就不会有请示，所以某种意义上请示是一种自保行为，只是在转嫁矛盾，把可能产生的风险让上级帮着扛一下。而上级的一个重要特点就是抗风险能力比较强，这还是因为评价是一种自上而下的机制。尤其是省级司法机关这个层级，实际上是对下评价的中枢，自然收到的请示也会更多。这种行政化的关系检法其实是共通的，再加上审级制带来的对下级案件的法定评价权，致使上下级法院的关系更为紧密。

本来是指导与被指导的关系，但实际上更像是领导与被领导的关系。而本来是领导与被领导关系，反而却像是指导与被指导的关系。这是为什么呢？

其根源在于行政化和终局性相结合，同样是指标管理、评价考核、案件指导，但是审判机关的管理带有终局性，上级法院对下级法院的改判、发回是直接的。而检察机关的改判、发回是一种意见，最终还需要法院的判决确认。

上级检察机关发现下级检察机关的案件问题，往往是通报批评多，纠正的少。这是因为，我们的纠正，比如纠正不起诉案件，提起公诉，还要受到审判权的制约，要是判无罪怎么办呢？这不是恰恰证明下级是对的，而上级是纠正错了吗？这样想来，只批评不纠正才是最安全的。

我以前就有一个案件，定性被一审法院改了，想抗诉分院没有同意，但是被告人上诉了，在上诉期间，市院就立足于一审法院的立场说这个案子是典型的定性错误，我当时还说这个案子还在上诉期间还没生效。但是案例还是发出来了，我虽然有不同意见，但是作为下级只能接受，但是二审法院在没有加重刑罚的情况下，把定性改回到一审时指控的罪名。后来那个案例也不知道去哪儿了。

也就是说，检察机关内部虽然也想加强行政管理，但是其行政管理还要受到审判机关的外部约束。

但是审判机关的行政管理就没有这种外部约束，因此也会显得更加直接和有力，这种终局性的审判权反而助力了内部司法行政权力的绝对化。这种强大的行政管理权实质上构成了司法责任制的阻遏，既不利于司法责任制的落实，也不利于以审判为中心的诉讼制度改革的推进，因为庭审实质化需要法官真正地发挥主观能动性，它是一种创造性的劳动。

反倒是行政管理职权受到外部牵制的检察机关放权的力度更大，检察官主观能动性发挥得更充分一些。这也是改革以来，检察裁量权要比审判裁量权运用得更充分的原因。其实是更强的行政化束缚住了司法官的手脚。2018年全国检察机关对不构成犯罪或证据不足决定不批捕16.8万人、不起诉3.4万人；2019年分别是19.1万人、4.1万人。2018年、2019年两年全国审判机关对公诉案件宣告无罪分别只有517人和637人。

在某种意义上，司法裁量权的运用程度是衡量司法责任制落实的重要指标。

福兮祸兮？

其实，二十年来，内请制度丝毫没有松动，比如直到现在有些案件，上级院还会就一个个案让下级法院增加一年刑罚。对于这种具体的指示，在没有亲自审理的情况下其基础又是什么呢，让人恍惚这二十年时光是不是凝固和倒流了。

还有些案件，法院让检察院最好不要提确定刑量刑建议，理由是量刑得由最高法确定，他们也确定不了。法官提出这个理由的时候是非常自信的，但是这份自信从何而来？

谁审理谁裁判都白说了吗，以审判为中心是这个意思吗？

还有的案件在没有开庭的时候，法官就要求检察机关增加犯罪情节。让检察官陷入某种道德困境，不增加好像打击犯罪不坚决，履职不力，自己的指控职责还需要法官提醒，增加吧，自己又认为证据上还有欠缺。

但是说好的庭审实质化和以审判为中心呢？

难道以审判为中心的意思就是法官说了算？

这是因为坚持以审判为中心，加强庭审实质化并没有相应的利益激励，反倒是职责错位，强调追诉职责的法官反而会得到激励，被认为是讲大局。

我们极少听到判无罪判得多的法官立功受奖，或者获得职业升迁，反而比检察官还像检察官的法官会获得相应的机会，那法官会如何选择？

而且所谓庭审实质化，是真的要求侦查人员出庭的，而侦查单位又往往不愿意，也就是说这是得罪人的活儿。总体上来说，以审判为中心都是得罪人的活儿，有时候是法官不敢得罪人，有时候是不怕得罪人也办不了，还有很多时候审判机关整体也不愿意得罪人。

实践中，庭审实质化的付出和收益不成正比，这也是其不容易推进的重要原因。

而且判处无罪，法官个人还决定不了，还是上级和审判委员会的权力，这也就给其带来更多的无力感。

强化以审判为中心，个人无收益，但是风险是实实在在的，而且很多事还决定不了，这样的话推进的时候就很难有内在的积极性。

法官有限的权力主要集中在小案子的量刑权，因为太过琐碎，又好像不影响大局，就成为法官仅有的自己能够掌握的实实在在的权力，因此是其极为看重和珍视的。

这也是司法责任制推进以来，甚至一直以来，法官真正仅存的自由裁量权。这是可以不用报庭长、院长，可以不用提请审委会，自己就能决定的事情，让法官看起来还像法官的唯一的东西了。

正是因为这部分权力对法官的珍贵，在推进认罪认罚以来，虽然刑事诉讼法明确要求了一般应当采纳量刑建议，让法官将一部分量刑话语权让渡给检察官，但还是有很多法官表现得十分反抗，内心十分抵触。

因为这是他们仅有的裁量权领地，失去它就像失去了自我。虽然改革一再推进，但是内部的行政权非常强大——相比检察机关其实更为强大，很多事项都要报批。改革之后，检察机关的部门负责人基本不批案子了，但是很多法院的庭长还是批案子的，无罪这种大事法官更是做不了主的。他也想抗争，但是内部力量更大，时刻掌握着他们的职业上升通道，他根本无力抗争，也不敢抗争。

唯一能够排解的出口就是量刑建议的提出方，从而捍卫自己仅剩的裁量权空间。所以你会发现一个怪现状，就是审判机关高层虽然认可量刑建议的"一般应当采纳"，但是有些基层法官却不认可。高层一再推动以审判为中心，但是到了下边就是推不下去。

其实这里边的关节仍然是司法机关内部强大的行政力量在作祟，它不但从内部挤压审判权的独立空间，使真正的庭审实质化无法树立起来，法官真正的自由裁量权无法保证，还会从外部排斥已经调整的诉讼结构，形成一个外部溢出效应。

既然大事管不了，那小事自然就要牢牢抓住。

虽然大家都知道刑事诉讼法的调整目的在于让法官腾出手来办好重大复杂案件，这是好心，然而重要的问题是，即使时间有了，但是普通的审判人员在这些案件上是没有决定权的，有些连量刑权都没有。他们虽然可以腾出手来，但是却没有自主裁量的权力，找不到成就感和存在感。而且对于这些案件而言，真正耗费时间的是层层汇报和层层审批，这些是无法通过繁简分流的方式化解的。因此，这个"腾出手来"他们并不领情，因为他们得不到真正想要的东西，但却又不敢说出来。

一个能够在大案子上真正掌握审判权的法官，自然是希望有人帮其分担小案子的量刑负担，自然是乐见其成的。因为那些大的案件，才会带来大的职业成就。

但是一个无法掌握审判权的法官，或者将小量刑视为自己唯一审判权的法官，自然是不愿意放弃这仅有的空间的。

所以，阻遏以审判为中心的诉讼制度改革等法治进步的主要矛盾，其实是司法权与司法机关内部行政权的矛盾，这一矛盾其实是司法改革的主要矛盾，也是影响司法进步的真正障碍。

司法的进化与退化

这十几二十年，司法确实一直在进步，但显然是曲折的。只是进步的方式和曲折的方式，有时我们不一定预料得到。

1.

记得刚上班那会儿，我被分到了批捕处，而批捕处也刚刚更名为侦查监督处，其目的显而易见，就是要加强监督。明明主要还是干批捕的活儿，但是把这个活儿定义为对侦查机关的监督，后来成为"一体两翼"的一体，另外"两翼"分别是侦查活动监督和立案监督。我记得我发纠正违法通知书那会儿，院里好多年都没发过这种文书了，而立案监督就更少了，"两翼"的翅膀不硬终究也是飞不起来的。

"两翼"不行就从"一体"上找辙，大概也得十五年前的样子，突然提出了一个附条件批捕，被认为是重大机制创新，也就这两年才废止。

你现在感觉这好像是一种倒退和迁就，但在当时是有意识地发挥制约的作用。当时配合的任务是压倒性的，部门领导经常说，批捕主要就是配合侦查，保证侦查顺利进行，什么构罪即捕、外地人必捕都具有天然的合理性。考虑二十年来犯罪数据的变迁，当年的重罪比例也确实是偏高的，这种重打击、重配合的司法理念在当时也有着一定的现实基础。

但是监督的意识确实是觉醒了，部门改名字就是一种表现，"一体两翼"强调监督职能也是重要的工作内容，这是另一个表现。但是当时的问题是雷声大雨点小，批捕率根本下不来。

就从内部审批模式来看，虽然捕与不捕都要三级审批，但是不捕是要汇报的，要层层汇报，必须详细说明理由。而批准逮捕并不需要详细说明理由。那你说在构罪的前提下，承办人会怎么选？

当然，构罪即捕在今天看来是贬义词了。但在当年看，至少强调了一个"构罪"。而且当年佘祥林案等冤假错案也开始纠正了，大家至少绷紧了这么一根弦，至少要保证构罪。在证据意识上其实是提高了，虽然在逮捕必要性上还没有觉醒，但也是一个很大的进步了。

因为，我们知道对不构罪的勉强批捕是冤假错案的帮凶，几乎所有的冤假错案都因为逮捕，犯罪嫌疑人受到长期羁押，才为刑讯逼供创造了便利条件。而发生错案最后是要追责的，捕错了也有责任。

所以很多证据有问题的案件，承办人就倾向于拿一个不捕的意见，领导愿意捕让领导捕，各拿各的意见，捕错了这个责任承办人不想担。可是领导也不想担啊，所以不捕率有小幅度的提高，但跟今天是没法比的，就这公安都受不了。

案子不捕的话，就不知道怎么办，监视居住成本又太高，取保候审形同虚设，这两个问题到现在也没有得到根本解决。所以公安就比较有意见，就希望检察机关配合。检察机关也果然讲配合，因此就搞出来一个附条件批捕。简单来说，一些重大案件，虽然证据没有达到逮捕条件，但是还是有可查空间的，先捕了，给一定期间，期间内如果补不回来必要的关键证据，那就再撤销逮捕决定。

当然你现在可以说，这是有悖于刑事诉讼法要求的，但是当时的情况是，对于很多大案子，检察机关为了讲配合就直接无条件地批捕了。谁敢说这种情况现在就完全没有？只不过没有那么普遍罢了。

那时候也不讲以审判为中心，庭审也不实质化，也没有非法证据调查程序，是典型的以侦查为中心。

我们老处长就公开讲，他搞自侦的时候，那证据是杠杠的，把卷往法官那儿一放，不用公诉人出庭都能定。不排除侦查人员中也有不少这样自信的人。

因此，讲配合是绝对的主流，这也是侦查中心主义的体现。反倒是经常拿不捕意见的人，会被认为是书生办案，能力不行，不敢担当。而且果然是你认为不够的那些案子最后也都诉了、判了，老同志也会拿这个来取笑你，好像是说你是书生你还不服气，搞得自己都怀疑人生。

首先必须承认这里边确实有理论和实践的差异，年轻人有实践经验不足的问题，但是也有这个总体环境仍然是以侦查为中心的问题。不仅是我们讲配合，法院也在讲配合，大家都在讲配合。谁不讲配合，谁就是异类。

不过情况也在发生变化，高层首先认识到监督的重要性，考核就开始了，能发纠正违法，敢于监督制约就能够获得分数，可以使单位取得业绩，逐渐也成了一种优势。所以，也开始评比侦查监督优秀检察官，北京市诉讼监督精品案评比都陆续开始搞了起来。

附条件的逮捕，也不再仅仅是迁就，而是体现在证据补不回来真的要撤销逮捕，压力开始向侦查机关传导。在以往，撤销逮捕的情况几乎是闻所未闻的。那个时候延长羁押期限的审查就根本不算案子，都放在内勤那儿，主要是走手续，极少听说有不延的。

但是公诉的裁量权先于批捕发力了，捕后不诉开始增加，可能是法院也发力了，也许是以审判为中心的意识从十多年前就开始觉醒了。就听说有判无罪，有撤回起诉的案件了，那公诉就不敢轻易起诉了，所以我们捕的不一定都能诉得出去了，就更不要说判不判的问题了。

捕后不诉与捕后撤回起诉、判无罪，被统称为捕后被无罪处理，都需要写自行复查报告，还要报给市院，这个活儿大家都不愿意干，最后都推到我这。所以那个时候我感觉比较明显，这种复查报告有所增加。为了减少复查报告，简单的办法就是减少逮捕率，证据没有那么好的就不捕了，附条件什么的渐渐都懒得用了，直接不捕就完了，取保直诉也可以啊。

当然，那个时候我们对起诉也有意见，感觉他们有些过于保守和谨慎，有些捕的案件我们感觉起诉过去应该能判的，但是公诉就不敢起诉。我有一个强奸案，在《拒绝司法平庸主义》那里也提到过，公诉想不起诉，我在检委会上据理力争，最后起诉了，判了十年。

虽然公诉的保守和谨慎不一定是对的，但是这确实反映了一个趋势，从强调对侦查的配合，到更多地敬畏法庭的审判。

2.

此后两个证据规定的出台，并经 2012 年刑事诉讼法修改予以确认，其实都是在为以审判为中心铺路，2014 年党的十八届四中全会决议中明确提出了以审判为中心的诉讼制度改革，力度达到了一个高峰，进而是一系列制度的落实。这还主要是制度构建和理论层面。当然，从新闻报道上来看，近年来也有一系列重大冤错案件的纠正，似乎感觉以审判为中心的诉讼制度改革一直在不断落实，虽然确实有放缓的迹象，但趋势应该是这个趋势。只是从二十年来的无罪数据变化上看，情况却恰恰相反，从 2001 年的 6597 人，一路下行到 2018 年的 819 人，无罪判决率从 88 ‰下降到 5.7 ‰，几乎和我们的感觉恰恰相反。详见下表：

2001—2018 年我国无罪判决人数及无罪判决率		
年　　份	法院无罪判决人数（单位：人）	法院无罪判决率（‰）
2001	6597	88
2002	4935	70
2003	4835	65
2004	3365	44
2005	2162	26
2006	1713	19
2007	1417	15
2008	1373	14
2009	1206	12
2010	999	10

续表

2001—2018 年我国无罪判决人数及无罪判决率		
年　份	法院无罪判决人数（单位：人）	法院无罪判决率（‰）
2011	891	8
2012	727	6
2013	825	7.1
2014	778	6.6
2015	1039	8.4
2016	1076	8.8
2017	1156	9
2018	819	5.7

表格说明：根据《最高人民法院工作报告》《最高人民检察院工作报告》和《中国法律年鉴》整理。

2008—2018 年公诉案件及法院无罪案件数量对比图					
	公诉案件无罪人数（人）	自诉案件无罪人数（人）	无罪案件总人数（人）	公诉无罪率（‰）	整体无罪率（‰）
2008	671	702	1373	8.7	14
2009	572	634	1206	4.9	12
2010	494	505	999	4.1	10
2011	479	412	891	3.9	8
2012	346	381	727	2.4	6
2013	/	/	825	/	7.1
2014	518	260	778	3.6	6.6
2015	667	372	1039	4.6	8.4
2016	656	420	1076	4.6	8.8
2017	N/A	N/A	1156	/	9
2018	517	302	819	3	5.7

表格说明：1. 根据《最高人民法院工作报告》《最高人民检察院工作报告》和《中国法律年鉴》整理。2. 2008—2012 年数据来自论文《人民法院审理宣告无罪案件的分析报告——关于人民法院贯彻无罪推定原则的实证分析》；3. 公诉无罪率 = 公诉案件无罪人数 ÷ 公诉案件总人数

（数据来源：王禄生：《中国无罪判决率的"门道"｜ 20 年数据盘点》，"数说司法"公众号）

　　但检察机关的不批捕、不起诉数据却呈现了一种逐年提升的态势，2002 年全国整体上，不区分是否以证据为原因，一共不批捕 93760 人、

不起诉 26373 人，到 2019 年仅因不够成犯罪或证据不足的不批捕就达 191290 人、不起诉 41409 人，较五年前分别上升了 62.8% 和 74.6%。

而"不放过、不凑数""你办的不是案子，而是别人的人生""法不能向不法让步"这样的理念都是来自于检察机关。与之相比，有些法官却表现出浓厚的追诉兴趣，时常对指控工作提出要求，体现了一种强烈的追诉欲望。好像只有追诉才是正当的，只有重判才能体现大局意识，对于程序正义更是缺少必要的尊重，这显然与以审判为中心的诉讼制度改革的精神相背离。感觉好像是检察机关在追求以审判为中心，法官只是利用审判这个平台搞指控工作。这就是司法发展的复杂性，进化和退化是同时存在的。

当然也必须承认，由于检察机关的强烈推进，把住批捕关、起诉关，并向侦查机关传导不断提高的审判标准，才使得刑事案件质量得到了整体的提高。检察机关实际上发挥了过滤作用，这也是无罪判决逐年递减的原因之一，近年来无罪率一直在较低水平徘徊。这里边可能还有 21 世纪最初十年，法院无罪判决高企所带来的倒逼作用，迫使检察机关不断提高批捕、起诉质量。也就是说在追求以审判为中心的诉讼制度改革这条道路上，是法院先发力，检察机关后发力。当然法院发力的时候，以审判为中心的诉讼制度改革这个事还没有提出来呢，实际上是一个酝酿的过程。在提出来之后，制度建立完善起来之后，行动上却呈现了一种趋冷的态势。

也可能从以侦查为中心向以审判为中心移转的过程中，本来就是分两步走的，目前主要已走到检察环节，这只是第一个阶段。当这个阶段结束，指控的质量、水平提高以后，法院再行发力。而那个时候的无罪也可能是更高水平的无罪。历史的发展就呈现为这种螺旋式的上升态势。

但这是历史演进的真实逻辑么？就像我在《司法进步的真正阻碍是什么？》中谈到的，在司法机关尤其是法院，其司法行政化的色彩依然浓烈，甚至有越发浓烈的态势。以审判为中心的诉讼制度改革、庭审实质化，很难给法官带来实质的收益，但是付出的成本和面临的风险却很高，缺少必要的内在激励机制。如果角色错位反而有可能得到激励，这就必然会鼓励角色错位，从而进一步抑制庭审实质化。

但是我们也确实要承认，现在要想找那些有硬伤的无罪案件也不那么容易了。如果要判无罪，就很可能是受到高度关注的敏感复杂案件，而在这些案件中，判无罪受到的阻力自然更大。实际上来说，就是以审判为中心的诉讼制度改革逐渐往深水区推进，对这些广受关注的案件，能不能突破重重阻力和干扰，强化庭审的实质化，将体现推进改革的真正决心。这些案件的无罪虽然在数量上不一定有二十年前那么高，但是其影响力将更大。

而更带有根本性的问题，还是要给法官松绑，保证在这些更加复杂、疑难的案件中有相对独立的审判裁量权，并确立相应的制度保证，让审判工作真正能够顺其自然。既然有些检察机关将部分的不批捕和不起诉权都下发给检察官，为什么法官不能相应下发一些轻微案件判处无罪的权力？这样放权，才能确保司法责任制的真正落地，也才能让司法规律自然地发挥作用，打通案件质量的传递通道，实现案件的自然化处理，该怎么判怎么判，面对无罪不再恐惧，这样才能实现真正的以审判为中心。

3.

检察机关之所以在推进以审判为中心的制度改革中能有更加抢眼的表现，其中还有一个重要的契机，那就是转隶。

本来这是对检察机关的一个冲击，对很多检察官来说这也是一场危机，检察向何处去在当时成为一种普遍的忧虑。

在没有转隶之前，自侦在检察机关是绝对的第一主业，虽然案件量不是最多的，但是投入的资源一定是最多的。因此刑事检察虽然承担了绝大多数的工作量，但是在资源分配上还是受到了一定的压制。

自侦转隶之后，公诉才成为了绝对的主业，得到了应有的重视。而公诉职能本身就是检察工作的本源性职能，也最能彰显检察机关的职能作用，也有利于延伸性职能的发展。公诉部门的崛起，有利于检察机关回归主业，提升公信力。

这些是刑事审判部门所可望不可即的，随着民事案件数的暴增，刑事审判也呈现不断被边缘化的趋势。

我们常说的推进以审判为中心的诉讼制度改革的全称是推进以审判为中心的刑事诉讼制度改革，因为民事诉讼不存在中心不中心的问题。以审判为中心的诉讼制度改革都已经上升为国家法治战略，可是就在这个中心点上，刑事审判却没有像刑事检察那样得到应有的重视。这可能是庭审实质化疲软，无罪数据持续下滑和低迷的一个原因。

记得十多年前，那个时候重案也多，刑庭的庭长和法官经常要向审委会汇报，是很受重视的，获得升迁的机会自然也多，在法院的分量很重。那个时候，民商事案件也没有今天这么多，这么重大复杂，影响力也没今天这么大。这也是社会经济发展水平决定的。

今天的民商事案件，就像经济的发展水平一样，确实与十多年前不可同日而语。但是刑事案件与它们不是一个事啊。

从数量上来说，社会治安是不断向好的，恶性犯罪也呈不断下降趋势，刑事案件数量也趋于平稳，不可能如民事案件那样爆炸性增长。

但是随着生活水平的提高，文明程度的提高，对人权的保障、生命自由，不是应该更加关注了吗？事实上，很多机械执法的案件在以往是不会得到这么大关注的，但是现在都会成为全民关注的焦点案件，这也再次印证了刑事和民事案件的差别。

但是在统计工作量上，很少有人会考虑案件性质上的差异，还是一件是一件。而且从案件量消长对比来看，刑事案件在整个审判案件大盘子中的占比肯定是逐年下降的，再加上恶性案件、命案比例也在下降，这都导致了内部关注度和影响力的下降。所以不少刑事法官也有危机感，案子再少下去可能会被消减员额，据说有些刑事法官也帮着其他庭办案子。

在这种状态下，法院推进以审判为中心的刑事诉讼制度改革自然就十分乏力，本来最应该发挥作用的地方反而在消减投入，什么庭审实质化自然就无从实现。或者也不那么想实现，因为案件量统计才不会管你这个案子是不是通过实质化的方式审理的，对统计来说那只是一个案子。即使区分的话也顶多从刑期、被告人数量、被害人数量、被告人行政级别、上级关注程度、社会关注程度等维度来进行评估，从来没有一个维度和庭审实质化有关系。多让几个证人出庭，在工作绩效根本无法体现，这也是内部司法 KPI 考核对庭审实质化的抑制作用。

反倒是忍受断臂之痛的检察机关开始在刑事检察方面找出路，不仅是从资源上向公诉方面投入，还通过一些内设机构的整合突出了刑事检察的主业。最突出的就是捕诉一体，把原来分散用力，有时还相互掣肘的两块重要职能整合到一起，整合到一个检察官身上，形成一个拳头对外。有效地发挥了制约侦查机关的重要作用，从捕到诉都是一个人，想绕也绕不开。也使得检察官从侦查初期，也就是审查逮捕的阶段，就强制性地介入侦查之中，依托批捕权以及后续的延长侦查羁押的审批职权，将出庭公诉所需要的证据让侦查机关及早补充到位。为了确保强制措施的批准，从而顺利实现侦查终结，侦查机关也会更积极主动地落实补查的意见，这就直接提升了侦查的基础质量。

这在原来各管一段的情况下是很难想象的。我在侦查监督处工作的时候，有时候会立足出庭、审判发一些《提供法庭审判所需证据材料通知书》，为公诉做点准备，当时完全被当作异类。大家以为我是闲的，我的做法也成为了书生办案的一种表现形式：竟做一些理想化的，跟自己无关的事情。我调到公诉之后，也办了一些之前自己捕的案子，我都对自己当初的"多管闲事"表示感谢。

而由于这个捕诉一体，原来的"多管闲事"变成常态化，因为变成自己的事情了，也就不是"闲事"了。早干晚干都得自己干，而且大家也都知道，对于证据收集来说当然是越早越好。在侦查没有终结的时候，又有羁押延长的实际需要有求于检察机关的时候，自然动力是不一样的。等到了移送审查起诉，那侦查就已经终结了，对侦查人员和侦查机关来说，这个案子就算办完了，该办新案子了，这个时候你再找他，自然积极性是非常有限的。

这个道理并不复杂，就连批评我发《提供法庭审判所需证据材料通知书》的人也都知道，但是只有通过捕诉一体，将捕和诉两个环节统和到一个人身上的时候，才能达成利益的统一，而利益的一致性才是人性真正的驱动力。包产到户也是这个道理，市场经济也是这个道理。

只有捕和诉在一个人身上的时候，捕和诉的利益才真正完成了统一。当这两个职能分开的时候，怎么说相互衔接、相互配合都是空的，这无关高尚不高尚的问题，这就是人性。

而司法改革就是要顺应人性，不能苛求人性，这才能让司法规律发生作用，其实司法规律也无非是人性规律在司法领域的表现形式而已。

法官不想实现庭审实质化，从而实现一名伟大司法官的抱负吗？当然想啊。但是他没有权力实现，他决定不了；他没有资源实现，而且这个资源还越来越少；他没有兴趣实现，实现了对他也没有太多功利性的作用，只有无穷的烦恼和无尽的风险。这就是以审判为中心的悖论，当法官都失去了追求以审判为中心的动力，还有谁会有这个动力？

所幸检察官还有这个动力，一方面这作为国家法治建设的战略方向没有发生变化，另一方面虽然法官没有那么上心，但是辩护人还是日益强大的，也丝毫不能掉以轻心。

更重要的是，刑事检察作为检察机关最重要的主业，它不追求这个，它追求什么？

也就是不管你法院重不重视以审判为中心的诉讼制度改革这个事，检察机关先重视起来，无论对提升案件质效，还是对提升检察公信力都有好处。这也是不批捕、不起诉数据近年来不断提升的重要原因。

所以，现在的状态就是以审判为中心的诉讼制度改革这个活儿就相当于干了一半，也就是实现了指控实质化，但还没有完全实现庭审实质化。检察机关通过捕诉一体，实现了一种更加强大的制约，通过引导侦查，通过不断增加的不捕、不诉，夯实了侦查质量，并通过从捕到诉的亲历性审查，也进一步提高了公诉人对证据的驾驭和把控能力，这些都强化了指控质量。当然这也是使无罪案件数量在低位徘徊的原因。

其实无罪判决低迷，庭审实质化不彰的根本原因还是内部性的，包括超强的司法行政化、刑事审判地位的相对衰落以及简单化的绩效考评体系多重作用的结果。

现在检察机关已经在为庭审实质化蓄积力量，就等这个中心自己真正发力了。只有这个中心自己真正发力，以审判为中心才能够真正落地，从而也会进一步倒逼审前环节继续提升水平。自己不努力的话，中心的地位不会从天上掉下来。

就像检察机关不进行如此重塑性的改革，审前格局也不会发生如此巨大的变化。现在的问题就是审前在动，庭上不动。

4.

除了以审判为中心之外，近十年来国家还推进了另一项重大的司法改革项目，那就是认罪认罚。

其实认罪认罚的目的也是为以审判为中心铺路，通过繁简分流，为重大复杂疑难案件赢得时间。当然，提高诉讼效率本身也有让正义迅速降临的独立价值。

可惜的是，为重大案件所赢得的时间，法官用不起来，也不是特别想用。就算通过繁简分流，法官审理复杂案件的时间多了，他也并不愿意在复杂案件上投入过多的时间和精力，主要是因为没有相应的回报。而且光庭上热闹也没用啊，自己还是定不了，搞那么复杂又有什么用呢？不要说罪与非罪，有些案件连量刑都需要层报上级法院，甚至由最高法院来决定，那这个庭审实质化不是成了自寻烦恼么？而这个所谓热闹的实质化，与最后的判决也没有什么关系啊，那些真正的决定者也不参与这个实质化的过程，也就是实质化半天给谁看呢，就图个好看吗？问题是，这个所谓的热闹要耗费审判人员好多精力的，这虚耗精力的活儿不管你说出多少好听的理论，也没有多少人愿意干。既然不让我定，我也就不费那个劲了，用最省力的方式把复杂的活儿干完，才真正符合人性。

而那些领导看不上眼的案件，尤其是这些案件的量刑部分，最后才成了法官自由裁量权的残羹冷炙，因为稀少所以珍惜，所以才要敝帚自珍，并希望从这里体会到行使自由裁量权的成就感和快感，这也是人性。

这种真实的原因才成就了繁而不繁，简而不简的怪现状，并不是司法官的脑子不好用，而是趋利避害的本能。因为繁而无用，所以才不想为繁而繁，因为简而有味，所以才想三品其味。

这也是为什么认罪认罚的确定刑量刑建议会成为法官的眼中钉，那就是因为这触动了他们仅有的裁量权。上级把重大复杂案件的量刑权早就拿走了，法官能不在意么，只是不敢反抗啊，反抗也没用，没地儿说理去。定罪权从来没有真正行使过，可能也从来没有奢望过。所以，在司法责任制贯彻落实的彻底性上，法院其实不如检察机关。

最初在速裁和认罪认罚试点改革的时候，法院的积极程度其实是高于，至少是不低于检察机关的。反倒是检察机关认为是增加负担，不太愿意动。

因为认罪认罚说是减负，实际上是检察官增负，为法官减负。用好了确实为法官减轻负担，而且也没有提确定刑量刑建议，触及不到自身的裁量权。又减负又不减权，这个状态多好。

检察机关开始在认罪认罚发力的原因，一方面是刑事诉讼法落地，全国推开，另一方面是检察机关完成了内部改造。

刑事检察完成了捕诉一体，并通过专业化一分为四，实现了发展壮大，自身资源更丰富了，对审前的控制能力增强了，同时也认识到认罪认罚对降低庭审风险，包括后续的程序反复有重大的好处，所以不仅是为法官减负，也是为自己减负，而且是为自己的将来减负。同时还能够进一步增加在刑事诉讼结构中的话语权，对检察机关整体功能的强化是有重要意义的。

要想做好认罪认罚，必须提出靠谱的，准确一点的量刑建议与犯罪嫌疑人来谈，并且还要让这个量刑建议尽量为法院认可，这样才能在以后的嫌疑人面前形成公信力，才能使认罪认罚更顺利地开展下去。也就是降低认罪认罚的成本，提高认罪认罚的质量，确定刑量刑建议是大势所趋，而"一般应当采纳"本来也是刑事诉讼法的要求，这也是认罪认罚维系其自身存在和发展的基本条件。

从这个意义上，检察机关的自身利益与调整后刑事诉讼制度的整体利益是相同的。刑事诉讼法关于认罪认罚制度的确立，也就是通过立法的形式重新划分了量刑的话语权。当然这些都集中在认罪认罚的轻微案件之中，这些不是以审判为中心的重点，也不应该是法官考虑的重点。但是司法行政化的现实就在于，大事法官也考虑不了，能考虑的也就是小量刑这点事了。

本来认罪认罚与以审判为中心配合，是要搞一场司法制度的质效升级，提升司法水平和档次，制度设计看起来也是完美的。尤其是与司法责任制改革相结合，应该是天作之合。让审理者裁判，更多的应该是体现了对大案子的全面把握和裁断，认罪认罚本来是基础和保障，让检察官为认罪认罚这些简单案子打好基础就行了。但是由于司法责任制的无法落实，导致大案子裁判不了，小案子又舍不得放手，搞得进退失据，内外交困。看起来是外部量刑话语权的争夺，实质上还是内部裁量权的分配不公，以及审判资源的分配不公，审判绩效考核的不尽合理。

很多外部问题，最后发现都是内部问题。就像检察权的外部性问题一样，最终还是要通过内生性改革解决。审判机关可以考虑借鉴检察机关的治疗方案，也来一场重塑性改革，才能解决根本性问题。

5.

说到司法责任制问题，刚刚开始有点理顺的员额制没过多久，下放的权力就已经开始回收。最后就使司法责任制变成了一场待遇改革和工资改革，但是最核心的权力却没有到位。权力走了，但是责任留下来了。

司法责任制的"责任"，不是追责的责任，它必然要包括对案件决定的权力，这才是责任的前提。只有权力没有责任，就会变得任性；只有责任没有权力，只会留下恐惧。出事就找你，不是你定的也找你。

在推进司法责任制之初，还是讲究责权利的对等的，很多司法机关也都制作了权力清单。检法都不同程度下放了权力，不过法院在刑事领域的放权力度相对小一些，有的庭长始终还在批案子。但是不管怎么样，都以放权为目标，这也是几十年来社会各界总结冤假错案积弊所达成的共识。但是不管哪种内部运行方式，都不可能保证案件没有任何问题。审批制有审批制的问题，责任制也有责任制的问题。还有司法官水平参差不齐，职业操守坚定程度不一等问题。案件质量总会出现问题，不可能说责任制了就变得完全没有问题了，这些是不现实的。但是从总体情况看，至少改革以来，无罪案件大幅度减少，不批捕、不起诉大幅度上升，案件质量得到了一个有效把控。不批捕、不起诉案件增加，复议复核有所上升也是正常现象，但是改变原处理决定并没有大幅度上升，这就意味着在大规模开展监督制约的情况下，案件质量并没有受到任何影响，应该说整体向好，这其实是司法责任制改革的成功表现。

但是领导基于个别问题案件，就认定放权存在风险，还是要加强监控管理，在责任制框架下，增加联席会议把关，部门主任审核，现在就连退补延期都要进行审批，就几乎回到了审批制时代。由于法院放权本来就不多，所以回潮感觉也不是特别明显。但是总体上，放权都呈现了一种收紧的态势。包括认罪认罚案件，为了应对法院和一些外部的所谓的质疑，就增加了一系列的审批把关环节，烦琐的审批损害了提高效率的功能，从而失去了对认罪认罚额外工作的补偿功能。使认罪认罚成为只有增负没有减负的一种重负，变得对一线检察官越来越没有吸引力。

就像前文分析的，所有改革的功效根源都是内生性的，就像使捕诉利益一致必须将两个职能统一到一个人身上一样，认罪认罚的额外付出必须要有内部流程简化、文书简化为基本回报才会有人愿意用。因为认罪认罚是要额外付出不少劳动的，在一件认罪认罚案件没有额外绩效奖励的情况下，至少要有流程简化作为动力。目前文书简化基本做到了，北京捕诉一体版的一体化多层次简化报告模板也被高检院吸收了，但是流程一旦烦琐开来，也会极大地增加成本。你就想，即使领导每次都同意，你追着领导在网上签字这一个事，就能把你烦死。而这种简单签字的模式，除了增加负担，对案件质量又有什么提高？

更何况，放权的目的就是通过权力分散的方式来提高腐败成本。因为从现实上来说，腐败和错案是永远都会存在的，只不过是对概率的控制，能够使它出现的概率降低就是成功的改革，完全杜绝是一种自欺欺人的妄想。

如果通过审批制能够提高案件质量的话，那还改革干什么呢？司法责任制不就是在解决不审而定的问题吗？

现在所谓的质量把控措施不就是不审而定吗？

这种方式不就是当初产生冤假错案的渊薮吗？这种当初作为问题的方式什么时候又变成了提升案件质量的有效手段了？

本质上这无非就是行政化的管理手段，在原来不好使，在今天也一样不好使。要是好使的话，那几十年的反思就白反思了。如果说还是通过审批制才能提高案件质量的话，那就应该废除员额制，把待遇退出来，完全恢复到改革之前的状态上来。

当然我们知道这是不可能的，这只是改革过程中的插曲和回调，是进化道路上的退化，至少不是退化道路上的进化。司法制度和司法改革总体还是处于一种上行通道。

　　只是前进的道路上，仍然有走两步退一步的问题，在改革过程中出现问题的时候，还是习惯性地在行政工具箱中找工具。这是因为虽然以司法责任制为目标进行改革了，但是管理的理念上仍然是行政化的，而不是司法化的，也只有行政化的思维工具箱，而没有司法化的思维工具箱。对司法化的管理方法还缺少系统性的研究，只要是管理就是行政化的一套。

　　但是我们不得不承认，司法改革大的初衷和目标仍然是去行政化的，仍然是希望实现以审判为中心的，是希望提升公平正义的水平的，不会希望刑讯逼供和冤假错案回潮的，而且你现在让人家刑讯逼供也没有多少人跟你干了，法治的理念和意识都改观了。

　　可是行政化仍然在司法机关很有势力，作为既得利益者，不管你怎么改革它也是不愿意轻易退出历史舞台的，它是一个有耐心的对手，只要司法权犯了一点错误它都可能随时取而代之。理由自然都是冠冕堂皇的提高质量、防止司法腐败之类。

　　但是我们发现了一种有意思的现象，行政化虽然可以在内部不断扩展，但它无法跳出机构的边界，比如法院的行政化力量对检察机关就是无效的。从外部来说就只能通过司法权打交道，通过司法权来完成相互制约。行政化虽然可以在内部做大，吸食司法权的骨血，废掉司法者的武功，但它也必然损害了司法权的外部制约能力和影响力。让法官无心无力追求庭审实质化，一提什么实质化就觉得多一事不如少一事，自然也就不能在外部发挥自身的制约作用，不能树立审判的权威，不能实现以审判为中心的诉讼制度改革。就只能羡慕别家司法责任制怎么放权那么多，一个个生龙活虎，确定刑量刑建议越提越多，哪儿来这种干劲？这种干劲其实就是来自于去行政化带来的司法者人性解放，就像包产到户一样，通过放权也解放了司法官的劳动生产力。你可以说这是一种模式优势。更加鼓励创新的企业将更有活力，而不是打卡更严格的企业更有活力，市场上要比拼的是谁更能激发员工创造性的热情。司法责任制就是在激发司法官的热情，而行政化是在压制他们的活力，此消彼长之间司法机关的高下自然分明。

所以如果说这几年检察机关有哪些地方做对了，那就是在内部改革上做对了，或者说相对的不是那么差。但是如果也让行政化和审批制再次回潮，一旦失去内部的活力，外部优势很快就会消失。

一个假设就是，检察机关审批制走起，检察官畏首畏尾，或者听从领导指令行事，那他引导侦查的动力也会失去，因为害怕复查、监控，降低了不批捕率、不起诉率，让指标向领导期望的配合方向发展，那案件质量传递通道很快就会关闭。由于决定权不在自己手里，对案件的精力投入自然降低，反正听领导的。权力是抓住了，但是质量你抓不住，质量的真正抓手在检察官的心里。就像搞装修，有的人好像很上心，天天盯在房子里，问这问那，让装修师傅不胜其烦，装修师傅说你看着我也没用，我要是糊弄你，你看着我你也看不出来。司法也一样，它是一个良心活，而且就像装修师傅说的，糊弄你你也看不出来。而如果法院能够放开法官的手脚，对证据不足判无罪的，以后不用上审委会了，无罪案件数量马上上去。再加上检察官手脚绑得死死的，你根本没有能力和精力提高案件质量。判无罪的时候，行政化能帮上忙么，在二十年前帮不上忙，现在更帮不上忙。司法行政化的机构在内部厉害，在外部就蔫了，因为外部的底气只能靠司法权。靠窝里横的司法行政权是无法获得司法公信力的，只能削弱司法公信力。

如果说司法改革之间也是一场赛跑的话，那比拼的应该是谁更像司法机关，而不是谁更像行政机关。司法机关的真正强大和进步，依靠的也应该是自己的司法属性而不是行政属性，这是与行政机关改革迥然不同的概念。

就像孩子的培养，一定是信任、鼓励、引导，培养好的学习习惯和健全的人格，帮助他找到学习的兴趣和人生目标，给他做好榜样，营造和谐的家庭氛围。一句话，是通过爱让孩子的人格得到成长。打骂训斥虽然可以发挥一时的功效，但是很快就不管用了，也不利于孩子的真正成长。因为人有自己的独立意识，所有创造性的劳动都无法通过强迫实现。

司法是创造性极强的专业性工作，司法官需要的同样也是信任、鼓励和尊重，而不是"打骂训斥"。司法的进步也全赖那些具有创造力的司法者的创造性劳动，让每一件案件实现公平正义绝不是一条司法流水线就能下来的，它需要司法者的全身心投入和付出，而这种全身心投入和付出是强迫不来的。强迫只能适得其反，反而会削弱司法官的创造性能力，妨害司法的进步，成为一种司法退步。虽然行政化的力量有着自己独立的利益诉求，并不在意司法权的真正进步，但至少也应该看到司法改革竞争的舞台上，行政化过于强大将因为捆住司法者手脚而最终使整个司法机关都败下阵来。这种司法公信力的削弱，同样也会影响这个司法机关的地位以及从外部获取资源的能力，从而也会进一步伤害司法行政权自身。

司法行政权是司法机关长期无法摆脱的一种宿命，它既是司法进步的障碍，但恐怕也是司法机关与外部行政环境连接的纽带，也就是没有它可能也不行。但是司法行政化的松紧确实攸关司法机关的活力和司法改革的进步程度，某种意义上它就是司法进化的松紧阀，一旦太紧甚至会产生退化效应，从整体上削弱司法的力量，所以从某种意义上讲，司法改革就是对司法行政化程度的调节。

但我们需要看到的是，即使退化我们也不可能真的退回到二三十年前，因为整个司法生态都进化了，会对你的退化产生阻却功能。但是在进化的过程中，确实呈现了一种竞争关系，这种竞争关系所带来的生存和发展压力，又带来了新的进化。只是一旦进入某种舒适区，内部的行政力量就会发挥作用来争夺控制权，从而希望控制司法机关整体的发展走向。只有通过竞争关系，碰得头破血流的时候，或者壮士断腕的时候，才会反思自身的问题，才会痛定思痛，发愤崛起，直到下一次好了伤疤忘了痛的到来。不过最终通过竞争都得到了发展，但是在发展道路上必然有曲折，甚至有退化。而我们要想长期保持竞争的优势，就要把握住司法的演化规律，看清真正的发展方向，尽量避免退化所带来的伤害。

　　人类的优势就在于想象力，不一定非要自己亲自摔个跟头才知道疼，看到别人摔跟头就能想象出自己可能获得的疼痛，提醒自己不要摔跟头，才是我们不断进化的真正本领。

以退为进与以进为退

在为法治进步欢呼雀跃的同时，我们仍然要保持清醒的认识，认识到发展的困难性和曲折性。

因为发展从来不是线性的、一路飘扬的，它既有以退为进的顽强不屈，也有以进为退的表面繁荣。

制度文件机制固然是一个标志，但是司法的观念更显得实质，因为它才是良法、善治的灵魂。

比如司法责任制，前前后后二十多年了。

刚开始是主诉制，当年是被案多人少逼出来的，也主要是在案件量比较大的院推行，后来慢慢铺开。

权力放得没有那么多，但基本是实打实的，不仅是退补、延期等程序性规定主诉可以定，就连增加事实、罪名，甚至不跨刑档的减少事实等实体性决定，主诉也可以自己定。

而且报主诉的门槛不高，助理检察员就可以，对年限没有太多要求，甚至允许其他条线直接报名，成为吸引年轻人向公诉跳槽的一个重要渠道。

最开始主诉好像还有点补贴，后来好像什么额外待遇也没有了，和职级完全脱钩，但还是有很多年轻人愿意报。

而那个时候的主诉主要以考试为准，要经过好几轮，只要考试过了就可以任命。没有太多论资排辈的规定，好像是全市统一考试，统一公布成绩，考得好的院就过得多，考得不好的院就过得的少。虽然现在也是全市统考，但是考试对于能否入额发挥的作用越来越小，本院的裁量权也越来越大。

我说的是十几二十年前的事，那你说我们今天是进步还是退步呢？

当然了，当年也有一些不满的情绪。

比如责权利不对等，主诉干得多，承担的责任多，但是待遇没有上来，职级不配套。

但是也正是因为这些利益不配套，也就没有那么多人和你抢。其他业务条线也不羡慕。

因为这完全是劳动岗，主要是由想干活、能干活的年轻人去干。

所以主诉在当时可以说是一股清流，虽然没有太多的利益激励，但是仍然有事业的激励。

这些激励逐渐也得到了回报，可以说年轻的主诉往往成了中层干部的摇篮，实际上也就相当于解决了待遇，这也成为主诉在当时越来越吸引人的地方。

而这种待遇慢慢也就制度化了，在主诉制越来越普及的情况下，在主要业务部门，如果你不考个主诉，就很难提副职了，因为这已经成为大家逐渐公认的能力标准。

再后来，对待遇和管理上的追求越来越多，比如主诉的管理职能越来越超越办案职能，主诉带几个助理，每个助理再配个书记员，实际上就相当于带几个组。慢慢主诉主要就是批案子，而不是办案子。有的人就批评主诉成了小科长，实际上还是审批制在回头。

但这个势头不但没有扭转，反而越演越烈，又搞起了主任制，主任检察官都是副职兼任，下面有几个主诉，主诉下面又有几个助理，助理下面再有书记员。实际上就相当于把一个处分成几个科室，到了分院更是如此。

本来对放权、亲历的追求，慢慢还是演变为对权力的追求，行政化通过加强管理的方式很容易死灰复燃。

在总结这些经验教训的基础上，才有了这几年轰轰烈烈的司法责任制改革。建立了系统的配套机制，首先实行了人员的分类管理。对检察官实现了员额化，精英化，目的就是解决当年的责权利不对等的问题，实现责权利的彻底对等，并且建立检察官单独职级晋升序列，消除后顾之忧。

实际上，员额法官、检察官就成为司法系统的核心阶层，应该是能力精英化、业务精英化的阶层。

但正是因为职级解决得太好了，利益都到位了，真正的竞争才开始了。

那些只会考试的业务干部就显得缺少优势了，因为还要比拼综合实力。

为了打造精英化，还要强调年龄、工作的年限，这又将那些年轻主诉排除到圈外。看似精英化，实则有资历化的倾向。

全业务的员额化和单独序列，使得员额不仅仅成了干活的岗位，还成为实实在在的待遇。

员额不再像主诉制那么单纯，是年轻人干活的平台，而成为确保自己待遇的必争之地。

原来不搞主诉的，依然可以在其他条线任职，走行政序列，以及考检察员。

也就是你不用受主诉的累，你什么也不缺，这样话的那为什么要和那些年轻人争呢？即使是年轻人干活多，发展的机会多，也对自己的发展空间和职级待遇没有多少冲击，自然井水不犯河水。

但是现在全部员额化了，不管你在哪个业务部门，只要你不入额，你的待遇提升就变得非常缓慢，而且空间会变小。综合部门和行政岗位也看到这个趋势，所以也希望参与这种竞争。

这种普遍的竞争参与度，在主诉制时代是没有的。

现在员额成为了司法机关核心晋升阶梯的独木桥，所以竞争自然就激烈起来。

每一个部门也都参与进来，不管一个部门干的活多少，都要尽量多争一些，因为这是发展空间和生存之争，而资源却是有限的。

这种争很多时候体现在对案件的定义上，因为这是测算业务工作量的基础。

原来不分配员额的时候，没人争这个事，之所以争这个概念，都是因为员额资源的分配问题。

本来作为亲历性、精英化的检察官，现在却成了待遇之争、利益之争，这必然使竞争变味。

很多本来凭业绩、凭勤奋的年轻人，在主诉制的时代都可以脱颖而出的人，现在可能连额都入不了。并不是都愿意干活了，而只是这个干活的岗位有着实际利益，甚至影响退休以后的收入，又没有其他有效的渠道可以替代，这也是没有办法的事。

虽然，很多领导在改革之初都由一股理想化的勇气，期望把有本事、能干活的人用起来，但是最后往往要考虑稳定，照顾情绪，而达成更多的妥协。

这种妥协不仅在年龄上、资历上让年轻人吃亏，而且也会通过平衡、话语权之争，挤压核心办案部门的员额分配比例，也就是公诉人经常问的那句话，为什么每一次改革我们的人都会少一点？这就使本来就不容易够得上的员额，又更加难够一些。

某种意义上来说，年轻人的成长周期实际上变长了，这一点越是在上级单位体现得越明显。

以前是独立干活，但没待遇，现在是独立干活也是一件很不容易的事。

但是不管怎么样，司法责任制在初期还是减少了审批层级，部门领导基本不再参与审批，而且在主诉制基础之上有了更大的放权，比如轻微案件的不捕不诉权都得到了下放，更不要说程序性权利和增减事实的权力。

这对于艰难取得员额的人是一种心理补偿，虽然入额难一点，但却是值得的。这也就使等待变得没有那么难受，对员额比例没有那么心态失衡。

但是司法责任制几年不到，就以加强管理为名大幅度上收已经下放的权力，导致审批制回潮，将极大挫伤主要业务力量的工作热情。

司法责任制就会沦为以进为退的待遇改革，而不是责任制改革。

本来就不想负责任，只想拿待遇的人，或者并不真正办理案件的员额，对这些都是无所谓的。

正是对司法事业有理想，希望获得职业荣誉感的人，才会感到真正的失落，他们也就是在主诉制时代，不问任何待遇，只埋头干活的人，他们才是司法机关真正的脊梁。

为了司法改革的顺利推进，对资历做出妥协，第一次可以理解；为了保证中层的配合，保持权力格局的平衡，在员额分配上摊大饼，搞平均主义，第二次也理解了；但是为了强化管理，连司法责任制最后的本质都不要了，完全又变成行政管理，那就使得司法的理想主义失去最后的希望。

那些等待，论资排辈，就会显得更加难以忍受。

也正是这些更强的行政管理，让我们更加谨小慎微，自信心甚至都不如当年的主诉。

在自信心这一点上我们是进步还是退步？

要说待遇，肯定普遍地比主诉制时代要好了，但是希望呢，是多了还是少了？

所谓不患寡而患不均，待遇的公平要比待遇本身更重要。

没有待遇不是最可怕的，失去希望才是最可怕的。

人们总是在比较中确认自身的价值，因此这个价值体系的整体结构至关重要。

员额终归来说是一个干活的岗位，在这一点上当年主诉制的定位是对的，在入额的标准问题上，应该主张能力优先而不是资历优先；在员额分配上，应该以工作量为基础，而不是以话语权和既得利益为基础，也就是以司法需求为基础进行供给侧的调整。

也只有这样，好钢才能用到刀刃上。同时也能让好钢真正感受到存在的价值，才能看到真正的希望。

这些不断的希望才是司法事业生生不息的激励机制。

这些希望一定不是靠管理得来的，而是靠信任得来的。

司法的属性决定了，它需要通过亲历来诉诸司法良知，就像医生一样，这是一个专业问题和良心活。你会希望医术最高的医生给你做手术，还是这个医生的领导给你做手术？对于司法是同一个道理，领导的高明不是体现在对处方的审批，而是体现在知人善任。

司法责任制作为司法改革的核心内容，方向一定是曲折向前的，但是我们能够做的就是尽量避免已经犯过的错误，认清已经检验过的规律，把握司法规律的实质，对司法行政化的暗礁永远保持警惕，才能确保顺利驶出司法改革的深水区。

什么叫检察官像辩护人、法官像检察官？

经常有读者留言说，有些案件里面的检察官越来越像辩护人，法官越来越像检察官，这是一种角色错位。

这里边有三层潜台词：①检察官只能承担追诉角色，不能做有利于辩方的行为，只要有利于辩方就是错位；②法官虽然像检察官也是错位，但那是检察官没有扮演好控方的角色；③控方角色相较于辩方更具有天然的道义优势，法官即使因为错位而扮演控方角色，虽然在法律上不合适，但在道义并无可指摘，而检察官的错位有替坏人说话之嫌，其错误带有根本性。

因此，虽然这一指责看起来是各打五十大板，其实带有很强的倾向性和道德优越感。

这种倾向性其实恰恰误解了检察官的作用，所幸关于检察官的作用有着权威的依据。

联合国《关于检察官作用的准则》明确要求检察官应不偏不倚地履行其职能，并避免任何政治、社会、文化、性别或任何其他形式的歧视；保证公众利益，按照客观标准行事，适当考虑到嫌疑犯和受害者的立场，并注意到一切有关的情况，无论是否对嫌疑犯有利或不利。如若一项不偏不倚的调查表明起诉缺乏根据，检察官不应提出或继续检控，或应竭力阻止诉讼程序。

可见，先不说法律监督职责，检察官的客观公正立场就是国际通例。

新修订的《检察官法》也增加了"检察官履行职责，应当以事实为根据，以法律为准绳，秉持客观公正的立场"的规定。

所以正如《关于检察官作用的准则》，当检察官发现起诉缺乏根据的时候，检察官就不应提出或继续检控，或应竭力阻止诉讼程序。这一点可能与辩护人的立场是相同的，或者是像辩护人的。但那又怎样？检察官从来就不是追诉狂，从来就不是只有追诉立场。

将检察官只限定为追诉立场，是对检察官职责的误读。

真正的检察官在发现有利于被告人证据的时候，所做的表现可能就如同辩护人，可能比辩护人还坚定。因为他追究的是真正有罪之人，并追求一个恰如其分的刑事处罚。

这也是为什么《关于检察官作用的准则》要求检察官同时考虑对嫌疑犯有利和不利的两方证据。我国《刑事诉讼法》第五十二条明确规定："审判人员、检察人员、侦查人员必须依照法定程序，收集能够证实犯罪嫌疑人、被告人有罪或者无罪、犯罪情节轻重的各种证据。"因此，检察官不应当只关注有罪或者加重的证据，同时也要关注无罪和罪轻的证据。如果只限定在追诉立场，实际上是一种失职行为，是背离了《关于检察官作用的准则》《刑事诉讼法》和《检察官法》的基本精神的。

所以，可以说真正的检察官就是该像辩护人时就要像辩护人，该追诉的时候就追诉，这是他的职责所在，这并不违和，这就是客观公正立场的完整体现。

单纯的追诉立场其实是有违法治精神的落后思想。

好像我们抓到的人都有罪，而只要有罪就要狠狠地惩罚，这是一种有罪推定和重刑主义的观念。而只要做不批铺、不起诉就是不打击犯罪，就是给坏人开脱。在法庭上只能说从重，不能说从轻，只能往重了说，不能往轻了说。只要出示了有利于被告人的证据，说了有利于被告人的话，就好像背叛了自己的立场。

殊不知检察官的立场从来不只是追诉，而是根据事实和证据决定是否追诉，即使追诉也不是只往重了说，把罪轻的证据都藏起来不说，而是恰如其分地进行追诉。

单纯的追诉立场是盲目的，是与事实证据的多面性、复杂性不吻合的，只考虑重不考虑轻，也是与罪责刑相适应原则相背离的。

这种单纯的追诉思想是武断的有罪推定，是霸道的线性思维，是不问青红皂白的机械执法，是冤假错案的思想源头。

事实上，有的案子中检察官越来越像辩护人恰恰是法治进步的表现，是以往单纯追诉立场的扭转，是客观公正立场的落地，体现了法治发展的方向。

因此，检察官只要没有徇私枉法，只是像辩护人并没问题。

但是法官像检察官问题可就大了，因为这里的检察官已经被设定了单纯的追诉立场。

法官的中立性和控审分离原则是现代法治的前提。

如果自诉自审，则辩护权将形同虚设，将退回到纠问制的前法治时代。

什么程序正当性、人权保障都将无从谈起。

在法庭上法官向着检察官都不行，更不要说像检察官。

当然既然说是"像"，就不是"是"，并不是完全自己起诉自己审判。它往往体现在具体的程序细节上，比如证据采信上，无视无罪和罪轻的证据，坚持有罪推定立场；在量刑上只考虑重，不考虑轻的重刑立场；在程序保障上，故意压制辩护人，对非法证据排除完全不予理会，更有甚者起诉轻罪，判决重罪，求轻刑判重刑，也就是超越指控立场狠狠下判。

这样一来不但中立立场丧失，而且还会觉得坚持客观中立立场的检察官不够给力，在一些专项案件中比狠、比猛、比谁更能打击犯罪，而不是比谁更能体现公正，谁更能保障人权。

有些人认为这种方式虽然也是错位，但却是善意的，出于公益、公心，只是程序上稍有不妥，但是毕竟是在追求实体正义，因此也是瑕不掩瑜。

其实这正是这种现象的可怕之处，这是一种重实体、轻程序和法治倒退的集体无意识。

程序正义是实体正义的保障。以实体正义之名，行违反程序正义之实，其实是一种人治而不是法治。因为法治需要依据规则和程序才能保持其稳定性。失去程序的保障，颠覆控审分离原则，剥夺了辩护权的实体正义，又有谁能够判断其公正的可靠性——而不是一己之私？

法官舍中立性而追求追诉性，不仅无法实现以审判为中心，而且会离以审判为中心越来越远。

正因此，法官像检察官其实才是最应该警惕的反法治倾向。

再说这个比喻背后的辩护人，作为潜在的贬损对象，又隐含了一种法官＞检察官＞辩护人的鄙视链，不仅是对辩护人职业的轻视，也展现了相对于辩护人、被告人的一种道德优越感。

隐含了将被告人当作坏人的道德评判以及有罪推定。

通过一口认定被告人有罪，并不断对辩护方施加排斥和区隔，以显示自己高人一等的优越感。

这种优越感是一种职业傲慢，也是一种自以为是的安全感，以为自己永远可以评判别人，而无法成为被评判的对象，通过评判、批评、鄙视被评判的对象，从而获得一种廉价的满足感。

其实这是一种缺乏同理心和换位思考能力的体现，也是缺少法治启蒙、平等意识和法治精神的体现，暴露出的其实是对权力的盲目崇拜。以为说话算的就是对的。为什么他是对的？因为他说话算。

这里也突显了法治精神的启蒙在法治发展过程中的特别重要性。

检察官像辩护人并不稀奇，法官像检察官才是真正可怕的。

我们害怕的应该是那些不受程序约束的权力，以及包裹着公正外衣的人性偏私。

出庭的状况与成长

最近又有庭审出状况。

首先这事儿一定不要怪直播，不要以为是直播才引起了舆情，才引起了负面评价——这是本末倒置——从而应对措施就是取消直播，让公众看不见。这是不可取的，也解决不了问题，反而延误了真正问题的解决。

其次也不要对公诉人过分苛责，因为出庭有即兴表达的一面，不可能过分斟酌，难免词不达意。一定要区分哪些是口误，哪些是真正的错误，哪些从理念上就是错的。而事实上，真正的口误是完全能够识别出来的。不能因为口语表达可能有闪失，就回到继续念稿子的老路上去。三纲一词倒是可以层层把关，但那样既不是庭审实质化，又无助于公诉人成长。最后面对庭审的突发状况，就只会干瞪眼，虽然没有说错话，但没有话说也同样是十分尴尬的。

聚光灯是公诉人的宿命，高度的聚焦难免要经受挑剔的审视。是不是只有公诉人受到指摘，也不是？律师说错话不也一样？法官言行不当也是一样的。

只不过原来的小问题，通过互联网直播和自媒体传播不断放大而已，也是庭审公开化的"互联网＋"。我们没有养成现场到庭观摩的习惯，倒逐渐养成网上观摩的习惯。这种观摩的好处就是受众广，传播快，但是有时候也会片面一些。即使片面一些，很多时候暴露的也是真问题。

我们不是要讨论传播学的问题，我们主要还是要研究出庭的能力及其养成机制的问题。

面对挑剔的眼光，不是要求别人不再挑剔，或者屏蔽公众的眼光，而是要真正地提升自己，这也是庭审实质化的应有之义。

出庭一旦有些问题，很多人就要说这是规范化的问题，要搞规范，要督查。那样只能造成照本宣科的局面。

庭审是瞬息万变的，庭审是全部证据的集中展示，是全部法律问题的集中辨析，是司法智慧的高度投入，对这些具体的状况如何应对，不是规范能够解决的。

打球的打不好，是篮球规范没学好吗？是缺少实战的经验，是缺少通过实战获得有效的反馈。这个反馈可不仅仅是表扬，一定是真实的反馈，包括刺耳的批评。所谓忠言逆耳，但是它让我们有收获，让我们明白改进的方向，这是它的最大价值所在。

事实上在庭审实质化之前，我们也强调出庭的龙头作用，但是这种强调主要还是一种形式意义的强调。事实上，很多庭审并没有人来看，更不要说反馈。即使同事之间也很少旁听对方的庭审，一年也搞不了几次观摩庭，而且一定是选择四平八稳的案件来搞，生怕给旁听的领导和同事留下坏印象。这样的庭审下来，只有表扬和貌似批评的表扬和鼓励，即使真的指出了一些问题，不会有太大的影响，因为明年的观摩庭又不知道谁出。

在庭审直播之前，出庭的好坏全凭新闻通稿自行评价，根本不会考虑口误、尴尬和词不达意的问题，图片并不会说话，文字表达的也大多是好意。

但是直播之后，影像是会说话的，虽然也会截取片段，但一般不敢篡改内容，所以即使是片面的，也是真实。而这些真实的片面，在以往的新闻报道中会被自动规避掉。而现在反而可能成为新闻的主题，因为真实更有冲击力，因为负面更有传播力。这就必然放大出庭的问题，而这些问题原来是没有多少人关注的。

我们之所以会出一些状况，主要有三个方面的原因：

一是我们原来就有问题，但是没有人指出来，习惯成为自然。

二是我们还不习惯公开化的、直播化的出庭环境，不了解我们说的每一句话，都可能被成千上万人听到，还是以为就屋里这几个人能听到。对互联网化的庭审公开还没有找到感觉，说话还太随意。

三是也许我们说的就是我们心里想的，就是日常说的，就是我们的观念延伸，可能是一种集体无意识。这就是一种司法理念的问题，这个理念问题在局部的地区，大家都这么想，都这么说，感觉没问题，但是放到公论中就不是那么回事了。可能主流的司法理念已经转变过来，只是春风没有吹过来，还没有感觉。但是直播就是把庭审放到不特定公众的公论中来品评，就是要受到主流司法观念的品评。这就意味着，不是能力的问题，而是理念需要接轨的问题。

这也暴露了司法理念的普及还需要一段时间，还需要深入基层的问题。而通过直播引发的舆情，加快了问题的反馈，加快了理念的转变，通过庭审的公开化磨平了司法理念传播的壁垒，让新的司法理念的春风早日吹遍大江南北。

原来我在老家县城买书时就发现这么一个问题，我们的畅销书往往是大城市几个月之前的畅销书，我们在新事物的接受上有一个时间差。但是互联网电商将这个时间差磨平了。

现在互联网直播又再次磨平了司法理念的时间差，这也许是最大的收获。

知道了差距，也不一定能够过好这一生，还得知道怎么缩小差距。

事实上，即使是互联网反馈也有一个成本问题，只有特别大的问题，特别有新闻传播价值的内容，才会通过大规模传播的方式，实现一种强制性的接受。大部分的庭审即使直播了，也可能点击率不高，也不会得到所谓舆情的反馈。即使这里边也有或多或少的问题，但是由于没有人挖掘而被忽略了。

当没有反馈说不好的时候，我们往往就默认为还行，下回继续，所以不要以为有了庭审公开就能解决问题，领导和同事还是不看，旁听家属有些也不了解这么专业的内容，因此这个反馈链条无法运转起来。

前些年，我们喜欢搞一些模拟法庭，说这叫实训。但是这些模拟的法庭，无法代替真实的法庭，无法模拟出真实法庭的瞬息万变。其中的角色不会有真实法庭中当事人的那种压力。模拟卷宗中抽取掉的所谓冗余的内容，可能正是支撑真实性的细节，这些都抽掉了，真实也就没有了。通过这些模拟法庭训练出来的公诉人如何能够在真实的庭审中做到游刃有余，应对自如？

我们还比较热衷于搞比赛，十佳公诉人比赛中分值最高的不是庭审实质化背景下的出庭工作，而是利用模拟卷宗打报告，可见我们的重心仍然在庭前工作。在辩论环节，我们的比赛更像大学生辩论赛，而不是基于真实证据、真实压力、说的每一句话都承担法律责任的真实法庭辩论。这种比赛，面对的评委主要是法学专家，法学专家往往根据参赛者对这些辩题涉及的法律争点和理论知识的分析能力打分，而且往往由于时间关系不太会涉及证据方面的问题。但是我们都知道，法庭上很多问题都是与证据相关的，都是细枝末节的，可能没那么多大事，但是每一个都直接影响案件真实的处理。

我们通过长期的模拟训练，通过不真实的反馈机制，所受到的反馈信号也必然是不那么真实的。鼓励未必是好事，表扬也未必是好事。

每次都长篇大论地把公诉词念完，审判长不好意思打断你，不会像要求辩护人那样，让你说要点，书面意见庭后提交法庭，你就不会即兴表达，不会现场归纳、提炼和总结，以及现场的灵活应对，在灵活之中把握分寸，就导致一脱稿就容易说错话。就容易没理硬说，把庭审当成辩论赛，不能区分模拟和真实，只在意气势，忽视了理据。有时候为了强化气势，甚至会说一些证据中没有的情况，成了没话找话。而有些公诉人习惯于照本宣科，只要是庭审中出现了没有准备的情况，出现了答辩提纲中没有提到的问题，就不知道该怎么说，出现该说不说、不能及时回应的尴尬局面。这种短暂的沉默和尴尬，通过庭审的直播也可以被放大，而这些原来是不可能被看到的。

这些都是不习惯庭审公开化的表达障碍，而庭审公开化正是庭审实质化的重要内容，只有通过公开，通过让不特定的人能够看到庭审的真实情况，才能保障合法，才能保障任何的问题都可能被发现，才会形成强大的出庭压力。

而基于这种出庭的压力，才会极其认真地做好出庭准备工作，从起诉环节延伸到批捕环节，把每一个证据都弄扎实。让每一个非法证据在自己的手里都排除掉，让瑕疵证据都能够得到应有的说明，而不是到法庭上再去对付。

只有真实的庭审压力才会形成真实的审查动力和庭审准备动力，以及向侦查前段不断传导审判标准信号的动力。

这些真实的能力，只有在真实的场合中才能得到实质化的锤炼。

因此，笔者认为庭审才是公诉人最好的学习舞台，也是最频繁、最日常化的学习舞台，而不是模拟法庭和辩论赛。与其演好虚拟的庭审角色，不如把自己的庭都出好，不如多旁观几个观摩庭。当你旁听别人庭审的时候，因为你是专业人士，出庭的公诉人即使为了保住的自己面子也会认真准备一点点，而每一次都认真准备一点点，那日积月累也就提高了。而即使身边没有厉害的师父可学，但是通过出庭能力培养平台，可以打破行政壁垒，可以旁听到各个公诉人自发发布的庭审，即使没有十佳公诉人带你，你也可以博采众长，通过以汗水换经验的方式得到成长。而你的旁听又会通过压力的形式给其他公诉人带来成长的动力，也就是说，这其实是一个压力供给平台。

没有什么最好的出庭标准，我们只是知道你每一次都认真一点，你就可以变得更好。通过同行之间不经意的交流，对于一些明显不符合主流价值观念的观点，也可以得到善意提醒。这种日常化的交流，最容易实现开诚布公的交流，而且由于它的日常化，又弥补了通过舆论反馈这种偶然性、不确定性的不足。让公诉人经常得到交流，互相得到鞭策和提醒，要好过突然得到舆论的鞭策和提醒。

舆论一定是积累到一定的势能才会爆发，而这种势能有时绝不会止于鞭策和提醒，甚至会给个人和单位带来极大的影响。

由于这种影响的剧烈程度，也使其传播广泛，产生以儆效尤的效果。但是对于具体的司法官个人来说，可能未必还有慢慢改过的机会，本来很好的职业前途就会受到剧烈的影响，这就是庭审公开化冷酷的一面。

正因为冷酷，才有真实的压力，才会使你真的在意。与其面对状况突发，不如提早承受压力，按照庭审实质化的压力，强化庭前准备，强迫自己适应即席表达的出庭方式，让自己投入观摩和被观摩的压力中来，锻炼自己的心理承受能力，让自己能够适应瞬息万变的庭审环境，更重要的是为此做出更为扎实的庭审准备。

有一个杀人案，公诉人在举证的时候把装赃物的塑料袋和装尸体的塑料袋搞混了，在法庭说装尸体的塑料袋有被告人的指纹，实际上只有装赃物的有指纹，而装尸体的没有找到指纹，经法庭提醒才注意到。你说这是口误吗，还是他在审查证据的时候根本就是弄颠倒了？而如果是他弄颠倒了的话，那证据链条还靠谱吗？如果法庭也没注意到，也没提醒他呢？

作为公诉人，说的每一句话都会产生法律责任，这是对庭审应有的敬畏，当然也正因此我们才受到关注，才被人在意。我们只有日常不断适应真实庭审实质化的压力环境，才会为庭审做好更充分的准备，这个准备既包括证据的准备，也包括知识和心理的准备，只有这样，公诉人才会把握分寸和尺度，才会培养应有的道德感受力，才能尽量避免出现让人无法接受的状况。

以往的公诉人培养模式不仅是模拟化的，而且是精英化的，将大量资源只投入到个别的公诉精英，对于普通的公诉人关注得不够。但是庭审公开化和实质化不是个别的现象，是普遍的趋势，是日常化的工作。很多看起来影响不大的案件，如果处理得不好，也一样可以成为敏感案件，也一样可能受到社会关注。因此，如果出庭能力不能得到普遍性的提升，就无法保证出庭质量得到普遍性的提升，就会增加庭审舆情的风险。可以说如果再不重视出庭工作，每个人都可能出状况。

　　因此，重视出庭工作绝不应主要通过模拟法庭和辩论赛的虚拟方式进行，更不能仅将着力点放在个别人身上。应该创造更加公平广泛的人才培养机制，通过自组织的激励机制，鼓励相互观摩、相互切磋和相互提醒，并由此实现出庭问题的及时反馈，及时优化出庭方式，实现公诉人能力普遍化的自我提升和迭代。在法庭上强势回归，使公诉人成为人格化的检察制度，以指控立德、立言、立行，以思想力、语言力、行动力赢得实实在在的公信力，因为我们知道那些批评我们的人也正是给我们掌声的人。

第三章
内部的机理

司法的属性

在司法机关讨论什么是案件，离不开司法属性。

那些行政化的服务、保障、管理显然并不属于司法行为，当然也不会属于案件。

但是那些案件的指导、督办、复查、评查、规范、政策引导，与案件紧密相关，要想回答它们是不是案件，经常会产生分歧。

这就涉及案件的根本属性。

那我们为什么那么在意案件的定义？因为案件的定义涉及对司法权的根本性认识，也涉及随司法官精英化而来的待遇和利益分配问题。

这是一个既根本又实际的问题。

有必要严肃地进行一番讨论。

我们知道法院是司法机关，检察院也是司法机关，但又有一定的行政化属性，所以带有一定的二重性。

而法院界定案件就相对简单一些，那就是要审理和判决，即使领导办案也一样。

《最高人民法院关于加强各级人民法院院庭长办理案件工作的意见（试行）》第一条就明确规定："各级人民法院院庭长入额后应当办理案件，包括独任审理案件、参加合议庭作为承办法官审理案件、参加合议庭担任审判长或作为合议庭成员参与审理案件，禁止入额后不办案、委托办案、挂名办案，不得以听取汇报、书面审查、审批案件等方式代替办案。"

这就意味着，在法院办案指的是独任审理或者加入合议庭审理，也就是成为办案组织的一员。

书面审查审批不算办案，在审判委员会听取汇报并讨论也不算办案。只有亲自审理才是办案。

这就构成了司法属性的第一要义，亲历性。

但这个亲历性到底是什么呢？

是看卷吗？那书面审查审批，也可以看卷，为什么不算办案呢？

这个亲历性主要指的不是书面形式，它大致有两个方面：

一是与当事人直接接触，见过本人了，这才叫亲历。

有人会说，这没什么呀，你可以看庭审录像和笔录啊，这都是法庭的真实记录。你看了这些不也相当于身临其境，与坐堂审案不是一样的吗？

首先，这不一样。录像再真实，但是视角单一，而你在现场是沉浸式的体验，是耳目全开的，是可以察言观色的，可以感受现场的气氛和气场的扰动，可以看到微表情。可以同时感知两造的变化。这在现有的技术条件下，还很难还原。笔录就更不用说了，更是省略掉了很多现场的细节，但是这些细节正是构成你内心确信的依据。可以说亲历就是一种感受，通过感性思维对案件的认知，尽量捕获最真实最完整的信息。而且审理的严肃性，还可以保证你会完整地感受审理的全过程，这也是办案认知的基础。但是书面审查，是没有保证的，没有人能保证你完整地看完资料，即使有庭审录像，又有几个领导在审批时会看？这种信息获知完整性也是没有保证的。

其次，在这个真实感受的过程中，你还参与其间。你的反应会对庭审现场产生自己的影响，但隔着屏幕就不会。你可以发问，当事人要回答，你控制庭审的节奏，庭审的效果就会不一样。即使你只是表现出不耐烦，也会对当事人的心理产生影响，对控辩双方的出庭策略产生影响，这个现场会因你而不同。也是因为参与，你对信息的感受也更为主动和积极。

二是要参与审判意见的形成。

作为合议庭成员你要参与合意，提出你的处理意见，而你们在讨论的时候，案件整体处理意见并没有形成。事实上，你们在讨论的时候也不仅仅是最终几个大的处理意见，其间也会充满对庭审细节的讨论，对证据细节的争辩，甚至要表达自己对案件的感受，对当事人的直观感受，等等。这个时候，案件处理意见是一个从无到有的过程，你参与的就是这个从无到有的过程。而不是对已经形成好的意见，再进行取舍、品评和同意。

司法属性的第二要义就是法定的权力和责任。

这也是司法属性的必然要求，既然是司法，那就是必须严格按照法律的规定和要求行使权利，而不是按照行政化的内部规定。比如审批就是内部规定，审批是一种行政化的管理方式，不可能规定在法律当中。即使是在司法解释中体现的审批，那也是一种行政化的规定，而不是司法行为。

之所以要求庭长和院长必须加入审判组织才算办案，是因为审判组织，也就是独任法官和合议庭拥有对案件审理和判决的法定权力，同时也要承担法定的责任。这里有着明确的法律依据。

当然，这份权责也是因为你的直接参与、直接影响而来的，是对案件的整体负责，对事实、证据、法律判定、审理程序都要承担责任，对法律文书的质量也要承担责任，对是否完成权利告知、保障当事人合法权益都要承担法律责任。

正是这份责任，才会让你感到办案是沉甸甸的，才要对案件证据进行更加充分的审查，对案件情况进行全面了解。这经常会体现在法庭上的发问，庭后的了解情况，要求补充证据，等等。

司法属性的第三要义就是对案件的实体进行真正的判断和处理。

办案，办案，就得把案件办了。

所以与案件有关的程序行为不叫办案，那是对办案的辅助。

比如，受理一个案件，就不能叫办案。老百姓讲话，这个案子都没开始办呢，你咋能叫办案？

办案一定是对案件的实体进行实质化的处理。

正因此，办案并不是那么好叫的。

虽然检察机关职责类型更多样，与审判机关有所不同，但是在判定什么是办案上，仍然不能超出案件的司法属性。

否则就难以区分司法和行政的边界，就会混淆了办案和行政管理的区别。

因为检察机关具有司法和行政的二元属性，因此这个区分就更有必要。

可以说真正的办案一定是体现了检察机关的司法属性，而不是行政属性。

不是跟案件有关就是办案，比如对案件的接受，它就没有实体处理，它就不是办案，办案必须满足亲历、履行法定权责、实体处理等三个要义。

不过行为确实有点像办案，但又不是真正的司法办案。

比如对案件的评查、复查，虽然也阅卷、制作报告、对案件的质量提出意见。但这显然不是法律规定的权利和责任，这不是对外产生法律效力的司法行为，这其实是一种内部管理评价机制。它看起来像办案，却不是司法意义上的办案，它只是案件化的行政行为。

领导的审批也不是办案。这一点最高法院的意见很明确，不得以听取汇报、书面审查、审批案件等方式代替办案。

虽然领导审批，比如不起诉的审批，领导是最终拍板的，最终对案件有决定权。但仍然不是办案，因为他没有亲历性的审查，这只是对审查结论的一个决定，即使审批人可能也会看卷，但是因为没有与当事人接触，他的亲历性是不够的。而且既然是审批就是已经拿了意见，那就是对已经形成意见的判定，而没有参与到审查意见的形成过程之中，所以还不能叫办案，只能叫决定案件。

正因此，听取汇报、书面审查、审批案件都不是办案，都是对别人办案的决定，是对二手信息的处理，突出违反的是亲历性原则。

即使是检察委员会对案件的讨论决定，也不是办案。

司法责任制的本质就是让审理者裁判，这是司法规律的体现。

检察机关有检察一体，上下级是领导关系，那是不是对办案的理解会有所不同？

领导关系没问题，审批制其实就体现了领导关系，有本院的审批，有上级院的审批，但是这所有的审批都是行政属性。

虽然审批制仍然存在，仍然会对案件产生实质的影响，但是根据司法的属性我们知道它不是办案。

虽然完全的谁办案谁决定还做不到，但是我们需要明白的是，单纯的决定、拍板并不是办案。

即使很认真的审批，也难以掩盖其行政化的本质。

只是还是有检察机关将审批决定、检委会讨论当作办案，这显然是对办案司法属性的误读，也违背了司法责任制的精神。

更带有迷惑性的就是督办和指导案件，很多检察机关也把其当作办案，其实并不是。

有人会说，督办、指导有时也会阅卷，这不就体现了亲历性吗？

前文提到了亲历性指的更多的是当面，书面审查是不够的。

而且事实上，你是否阅卷这个事，也是没有监督和保障的。

这主要是因为你并不承担法定的责任，你没有这个压力。

真正办案的阅卷，和你作为指导案件的阅卷，在心态上就不一样。

前者要承担法定责任，他就要看得更仔细些，可能要看很多遍。

而且还要形成完整的审查意见。而在督办、指导的过程中却往往要承办人先报意见。

因此，你并不参与案件处理意见的形成，只是在处理意见形成之后进行品评。

当然，你可能会根据下级的请示，研究了案件中相关疑难的法律问题，提出了一些自己的处理意见。

这些意见对案件的最终处理都会产生影响。

但是这些都是幕后行为，并不是法定的权利和责任。

比如员额制要求检察官和法官才有独立办案权，助理没有独立的办案权。但是督办、指导就不用讲究这些，上级院的助理也能进行督办和指导。

这说明，督办和指导就不是司法行为，它只是行政行为。

这个行政行为充满了听取汇报、书面审查、层层审批等行政化工作方式，看起来是在参与案件决定，实际上仍然是对案件的行政管理。

督办、指导并不是办理案件，只是对审批制的辅助行为，其真正发挥的是辅助领导决策的功能，以及上传下达的功能。

就连审批案件都不算办案，对审批案件的辅助当然更不算办案。

但是督办、指导好像与办案本身贴合很近，甚至有认真的督办者、指导者会多次修改下级院的报告以及法律文书，阅卷并了解情况，提出很多处理意见，感觉比承办人还累。这都不算办案是不是太冤了？他做的工作几乎和承办人做的都差不多了。

首先，尽职的行政行为，也只是行政行为，不会成为司法行为，因为它不满足司法属性的三个要义。

其次，这只是说几乎差不多，但往往还是要差，刚才说了亲历性就是不够的。

再次，你认真的程度没有法律的保障，因为你毕竟不对案件直接承担责任，你的认真程度具有不确定性。

最后，即使你帮承办人把工作重做一遍，那也只是越俎代庖而已。因为你没有法律上的权利和责任。你的依据都是内部管理的规定，找不到任何法律的依据。

法律的要求就是办案的检察官要履职到位。

如果你需要做这么多才能让这个案件办好，那就说明这个检察官履职严重不到位。就应该用你来替换他。也就是你直接去办不就行了吗？为什么还要浪费两个人的时间——既然你认为他做得不好。

你真正成为承办人，那不是更痛快吗，为何要这么辛苦？但你没有去。

这再次证明了你的作用并不是代替他办案，或者参与办案，你只是辅助决策。

而实际上，当你真正成为承办人的时候，你的想法可能就不一样了。

比如，你原来主张可以风险起诉的时候，这个时候就要考虑起诉风险了，因为你发现你要面对法庭了，你要面对辩护人的压力了，你要面对无罪案件的一系列责任了，你说的话要小心了。

而这些压力，在原来督办和指导的时候是感受不到的，至少感受不那么强烈。因为毕竟隔着一层，在法庭上难堪的不会是你。

即使有责任，真正追责的时候也追不到你。

没有真正的责任，就不用承担真正的风险，就不会有真正的压力。没有真正的压力，也不可能保障审查真正的亲历性。

我们在捍卫办案的司法属性，其实就是在捍卫检察机关的司法属性，避免将行政化的经手、审批、指导、讨论、评查混入司法行为当中，就是避免将行政行为当作司法行为看待。

虽然司法行政化的问题目前还无法完全解决，但并不意味着行政行为就是司法行为，即使是与司法行为有关的行政行为，它也不是司法行为。

实际上，如果说指导是办案，那么制定类案的意见，也会对批量的案件有实质的影响，有些就是对个案处理意见的批复，那这些岂不是都成了办案？显然没人会同意。

对办案界定的泛化，将稀释真正的司法权能，就会让人感觉有点虚，使真正的司法职能无法彰显。

同时还会导致劣币驱逐良币的效应，使真正承担办案职责的岗位反而没有充足的员额，而那些本来承担办案责任的检察官，最后却沦为辅助行政管理的工具。而不用承担办案责任，就可以享受办案的待遇，将助长逃避真正的办案职责，从而失去真正的办案能力。

将行政管理当作办案，不仅无法鼓励管理层真正参与和承担办案职责，也会通过行政强化的方式，压制办案人的担当负责精神。既然无法最终把握案件的走向，对案件审查的投入也必然降低。把关的人越来越多，但是真正对案件负责的人却越来越少。

看起来，我们只是在讨论办案，其实是在检验我们是否认真地对待司法职能，是否会将行政职能与司法职能混同，甚至通过行政职能驱赶司法职能，从而达到一种自废武功的效果。

因为真正的司法职责其实是一副重担，也正是因为其沉重，才得到尊重。

能够承担起这份重担的，并不是内心的机巧，而应该是一份憨直。

驱动司法进步的其实只是让办案人真正负责的朴素道理。

虽然司法改革中去行政化将是一条漫长的道路，但是我们必须清楚的是这是一个方向。司法化才是方向，行政化不是方向，用行政冒充司法、代替司法、排挤司法更不是方向。

而司法化，强调司法机关的司法属性，已经成为法治进步不可阻挡的潮流。

这是新时代的法治共识。

我们为什么不自信?

前几天,有读者在文章后留言说:"下一次可以说一说检察系统从上到下,为什么总是给人一种战战兢兢、严于律己、自缚手脚的行事风格。就像寄人篱下的小孩,生怕做错点什么事就被赶出家门。这股子莫名其妙的自卑感从哪里来的?"

在权力面前能够战战兢兢、如履薄冰是无可指摘的,但我知道他想问的是我们为什么不自信。那我们为什么会不自信呢?

首先可能是对自身的定位认知还不是很清晰。

这里边既有自我的内在认知,也有社会的外部认知,二者都不是特别清晰。

虽然定位为监督职能,但是活儿主要是司法办案,虽然有四大板块,但是刑事检察的职能占到 90% 以上的工作量。

我以前就提过应该以诉权为核心重构检察职能(参见拙作《检察再出发》),因为这才是检察的根本和源头,其他所有职能都是这个职能衍生而来的。

如果舍其本、逐其末,那真正的职能自然无法彰显,真正的需求就无法满足。

就会让别人看不懂,自己看不清。

如果我们对于这个 90% 的工作量上只投入了 20% ~ 30% 的检察资源,那怎么能不让主业失衡?

主业不彰，从事主业的人心态失衡，自信从何而来？方向感从何而来？

而在如此规模的工作量基础之上再加上以审判为中心、认罪认罚、扫黑除恶、社会治理等多重要求，只有持续的要求，没有持续的投入，必然陷入疲于奔命之境。案子都办不过来又何谈监督？同样，案子都办不过来又谈何自信？

从需求出发调整供给侧结构，按照司法需求的数量和种类确定司法供给的数量和种类，实现检力资源的按需分配，才能实现司法效能的最大化，实现司法机关内部运转效率的最大化。

在最大程度上发挥主业职能的同时，就是最大限度地满足社会需求，就是实现自身价值和社会价值的过程，而这才是找到自信的过程。

但是这件事情说起来容易，做起来难。

资源的错配，冰冻三尺非一日之寒。

我们会发现一个现象，越是没有活儿的部门，就越能给别人找活儿。

数据明明在自己那，还管你要；明明材料可以自己写的，非让业务部门写好了，再汇总；明明已经向下发文要了材料，还是横向给几个条线再发一遍文再要一遍。

而越能找活儿的，话语权也就越大；话语权越大资源往往也越多。

而另一边，案子越多，自然问题就越多，问题一多，哪还有什么话语权，没有话语权自然要不到资源。

连要资源的自信都没有，还有什么自信？

反而案子越少，事越少的却越有自信，通过找毛病、找事儿的方式是永远没有毛病只有成绩的。

劣币的自信是建立在良币的不自信基础之上的。而良币的不自信是建立在只问问题不问原因，只看现象不看本质，只看表面不看实质，只看眼前不看长远，只看战术不看战略的管理理念基础之上的。

是机制的不公正，让最应该自信的人不自信，是因为委屈而不自信，是因为看不到希望而不自信，是因为实在忙不来又担心被婆婆们批评而自信不起来。

这种内部的谨小慎微就演变为外部的唯唯诺诺。

夹在两大山谷之间而左右为难。

因为无论是不捕不诉的复议复核，还是撤回起诉、无罪，甚至量刑建议的不采纳，这些外部的反应都会成为内部的评价和反复的复查。

在案件的处理上顾虑太多，哪还有自信？

本来司法责任制改革了，不捕不诉刚下放两天，又往回收。

这是因为领导首先不自信了，害怕出问题。

这其实是一种害怕失控的不自信，对自己下属的不自信，对自己管理能力的不自信。

其实放权不就是司法办案责任制的本质，不就是总结以往三级审批的权力垄断弊端而来的吗？

任何一种权力运行模式都不可能完全没有问题，而因为有一点问题就倒退回去，就是对已经确定的改革路线没有信心，对法治的发展方向没有信心。

而这种不自信，必然会产生传导效应，从而进一步助长不敢负责、矛盾上交的不自信。

从不捕不诉的权力上交，到延长、退补的权力上交，改革不是倒退了二十年，而是倒退了三十年。

这种集体的不自信，就无法打通案件质量的传递通道，无法将不断提高的证据标准，通过不捕不诉的信号传递到侦查前端，就无法真正扭转侦查中心主义，无法解决侦查质量持续低迷和审判标准不断提高的矛盾，也必然无法使审判中心真正树立起来。

带着瑕疵案件上法庭，能有自信吗？

而稍微强势一点，制约一下侦查机关，又会被扣上不打击犯罪、不讲大局的帽子，领导又无法自信起来。而这个帽子其实对于普通的检察官并不可怕，所以一放权，不捕不诉自然就上去了，根本就不用提要求。

因为法庭带给他的压力，长期接触法庭的感受，促使他们要把工作做到前边，要多收集一些证据，多引导公安做一些侦查工作。但是在推动不了的情况下，不捕不诉是非常自然的结果。这种结果也会非常自然地引发对下次注意的提醒。这种提醒并没有多么高大上的威力，但是它会明确而坚定地、潜移默化地影响到侦查人员，告诉他有些工作做不到位就会此路不通。

但是这条案件质量传递的通道还没等打通，就被审批制回潮拦住了。从此领导的压力又变成了案件的压力，领导的不自信就变成了检察官的不自信。

虽然我们夹在山谷之间，但我们也有选择做桥梁还是沟壑的权利。

我们并不需要一定在夹缝中求生存。

我们只要做到通畅，就可以让自己舒展。而只有舒展，才能展现出自信。

只有案件扎实，我们才会有底气，只有内部评价的公正，我们才无须惧怕外部评价的不公正。即使是无罪，也要看是否有责任，更不要说什么复议复核、量刑建议不采纳。

我们只有相信自己人，才能让自己人相信自己。

而只有自信的人，才会敢于坚持原则，敢于担当负责，敢于遏制侦查滥权和司法恣意。

自信不是没有风险，而是面对风险的理性态度。

是内部的优化畅达，才带来了外部的从容不迫。

顺应司法规律、尊重司法责任，才能塑造坚定自信的司法人格。

而这些正是我们找到自信的源泉。

什么是司法产品？

都在说司法产品，实际上就是想用经济学话语体系来阐释司法现象，借助经济学的理性力量和精确化分析方法来解决现实的司法问题。而产品是一个重要的经济学概念，是指作为商品提供给市场，被人们使用和消费，并能满足人们某种需求的任何东西，包括有形的物品、无形的服务、组织、观念或它们的组合。

这个产品，我的理解是，可以消费的终端产品，而不是半成品。比如，手机是供消费者消费的产品，但是其实手机的屏幕、外壳以及芯片等零件，也是具有独立价值的工业产品，但是它显然不是供一般消费者消费的，在消费者眼里他们就是手机的原材料和零部件。

一般认为案件是司法产品，但是案件从侦查、批捕、起诉到一审、二审，直到整个案件尘埃落定，有了确定的结论，公众认为这个案子才算办完了，才算做一个完整的司法产品，之前的各种决定、工作、流程都只能算作司法产品的生产过程，就是司法产品的供应链体系。

我们并不否认每一个独立环节所产生的结果具有相对的独立性，但是这种相对的独立性只是对于司法机关产业链条来说的，是一种工业产品，但是公众需要的是已经生效的法律结果。这种结果才能产生司法产品的外部性，或者是生效的判决，或者是不起诉的决定以及撤案的决定——它们才能产生外部的效力，否则就只是处于待定状态，只是一个生产的过程。这是从司法产品的结果意义来说的。

但是司法产品与手机不同的是，它在整个生产的过程中，始终与司法的施加对象产生联系，通过讯问、询问，羁押，审查，开庭等方式向对象施加影响，同时又是一个用户参与其中共同创造的过程。在整个过程中，司法机关要特别尊重用户的参与权，保证他们顺利行使权利，因此司法产品又是一个互动的过程。

刚才提到用户，这也是特别需要讨论的问题，司法产品的用户是谁？是嫌疑人、被告人，被害人，还是社会公众？如果是的话，又通过什么方式购买了这种产品？这个产品是自愿选择的吗？

显然司法产品与真正的商品还是存在很大的差别的，所以这只是一个比喻而已，不可能是完全相同的概念。

司法的特点是具有强制力，是对犯罪的追究和惩治，怎么可能以当事人自愿为前提？虽然会有嫌疑人来司法机关自首，但自首的前提仍然是司法机关具有强制力。

而从社会契约论的角度来看，这是公民为了获得秩序，向国家让渡的自由。所以你可以说，这是公民集体购买的产品，他们支付的对价就是所缴纳的税款，以及当初对宪法的认可。

所以司法产品是集体购买的，不是单个人购买的，因此司法产品的用户自然不是单个的个体，而是公民整体，当然每个个体也是消费者之一。无论是受到侵害，报警之后相信警察一定会来，检察官和法官一定会主持正义的被害人；还是坚信自己无罪，要求司法机关主持公道的嫌疑人；还是虽然承认罪行但希望得到从轻处罚的被告人，都是司法产品的用户。司法机关要不偏不倚地向他们提供服务，既不能只是满足被害人的诉求滥施重刑，也不能对有罪的被告人一味迁就放纵。因为司法产品既不是被害人单方面购买的，也不是嫌疑人单方面购买的，而是包括被害人、嫌疑人在内的全体国民集体购买的法律服务，它的终极目标是秩序和公正。因此，司法产品其实是一种基础设施，为了保证秩序和公正的广泛实现，对在本国的外国人一样也有管辖权，甚至还有必要的域外管辖权，在这里就不展开了。

所以司法产品具有普遍性和强制性，它不是基于个人的购买或委托。基于后者购买的商业服务，包括保镖、私人法律顾问，等等，它们不是司法产品。司法产品从来不是个人定制化的产品。

但有些被害人被骗了之后，就经常对司法机关说，谁让我被骗了，我就得找你，你就得赔我。这就混淆了司法产品与商业保险的区别，司法产品从来不是基于个人委托形成的产品，即使是商业保险，也要看是否有免责条款，也不会马上理赔。司法产品的功能是秩序和公正，而不是完全恢复原状，不可能将被侵害的社会关系即刻恢复原状，这实际上超越了司法产品的功能。

所以司法产品与一般服务性产品不同的是，它无法与当事人建立简单的满意度反馈机制。你难以想象被害人或者嫌疑人给司法决定打分，或者打分不高就是不合格，司法产品服务的对象是公民整体，而不是某一个当事人。

但是为什么我们还是要非常在意当事人的感受？要保障人权，要听取当事人的意见？这是因为，虽然司法产品的终极价值是服务于公民社会整体，但是它是通过对个别公民施加影响起作用的。比如刑罚，以及刑事诉讼程序的全过程。

刑事诉讼程序虽然不好说是一种服务，但是它确实是司法产品的重要组成部分，不仅是结果，也是过程性的体验，也就是让正义被看得见，让嫌疑人、被告人的诉讼权利被充分的保障。虽然它是通过对个别公民施加刑罚的方式来满足整体的秩序和公正需求，但被施加刑罚，被追诉刑事责任的公民，仍然是社会契约的缔结方之一，即使是犯罪的人也要被作为主体而受到尊重，而不能成为被任意处置的物。

在将维护秩序和公正的权力让渡给司法机关的时候，公民社会作为整体就应该认识到，每一个人都可能成为被惩罚的对象，或者成为嫌疑犯，这是维护秩序和公正的基本内容。所谓对秩序的破坏和犯罪，当然是人对人的犯罪，司法机关的司法行为就类似于某种纠纷解决机制：阻止并惩罚违背刑法规范的人，就是在维护秩序；以公开透明和恰当的方式，就是在彰显公正。而这种秩序维护者的活动就是司法产品，对人的惩罚就是司法产品的内容之一，刑事诉讼的过程既是司法产品的生产过程，也是司法产品的内容之一。

因为整个生产环节都会对当事人产生影响，就像佘祥林案这些冤假错案，其冤错的性质不仅仅体现在最后的判决和服刑问题，它还涉及侦查、批捕、起诉、审判的每一个过程。虽然我们说当事人不是司法产品唯一的用户，整个公民社会都是用户，但是作为嫌疑人、被告人，他对整个刑事诉讼程序感受得最直接，他是作为用户整体的一个代表在感受司法产品的质量，他的反馈会直接影响司法机关的公信力，对冤假错案的曝光也会让社会公众进一步了解司法产品的质量。被害人虽然没有像嫌疑人、被告人那样深入地介入刑事诉讼程序，但是他与司法产品具有直接的利益相关性，他因为受到犯罪的伤害，因而对司法产品的诉求变得更加直接。

公众也正是通过这些被害人来感受司法产品是否真的会对公民给予保护，是否真心在维护社会秩序，如果放纵犯罪，也会受到被害方及其同情者的批评。

因此，司法产品要同时满足打击犯罪和保障人权两个方面的诉求，所以理想上要做到不偏不倚。偏向任何一方，都会破坏对公正的追求。

但是完全的不偏不倚几乎是很难做到的，而且两方利益诉求很多时候也带有非理性的一面，很多时候都会超越法律的界限。如果被害方人员比较多的话也会分化为多个派别，比如经济类犯罪的被害人往往会划分为财产利益派和刑事责任派。也有的伤害类案件被害人会提出过高的赔偿诉求，如果不能答应，就要求超越法律规定的刑罚惩罚。而嫌疑人、被告人一方，有些会基于自己的配合要求过分的量刑减让，甚至不做不起诉就不认罪认罚，更有甚者会对司法人员进行恐吓、威胁和诬告。有些司法人员就会考虑做一些妥协，理由是用户对司法产品不满意，为了让用户满意，适当做出些调整也没什么。

这实际上是对司法产品的一种误解，司法产品虽然是基于个案的，但它是一种公共产品，要考虑的是公共利益，不能被当事人不合理的诉求绑架，当事人也不是司法产品唯一的用户，他们只是用户之一。或者说他们是用户的代表，但他们绝不是用户的全部，如果他们的诉求违背了法律，就意味着他们的利益与其他绝大多数的用户利益相背离，当然不能舍本逐末。

但所谓的公民社会的整体利益也不是虚无缥缈的，或者司法机关任意揣度编造的，而是必须以法律的要求和法治发展的方向为依归，因为这才体现了公民社会整体，也就是整体用户的利益。

程序法定、无罪推定、上诉不加刑、庭审实质化等这些程序性的规定，实际上是一些质量监控机制，是从过程上确保公平正义，也保障每一个公民在卷入诉讼程序中时都能够得到人之为人的基本对待，保证获得公平审判的权利。这不仅是对他一个人有利，甚至不仅是确保个案的公正，还是给所有人以安全感，让司法机关永远不要超越当初授予权力的范围，不至于因为形成自己的私利而滥施刑罚，那样的司法产品就将背离维护秩序与公正的初衷，反而成为威胁秩序和公正的洪水猛兽。

所以，在讨论司法产品的时候，除了实体质量的品评之外，最重要的就是要把司法产品的生产机器锁在制度的笼子里，使它永远不能逾越边界。

司法产品质量不高是可怕的，但是司法者违法才是真正可怕的，也是最应该提防的。

司法产品供应链的起始端

在社会分工高度发达的今天，司法产品与普通产品一样，都不是一个单位或者一个人能够独立完成的，都存在一个供应链的问题。供应链就是指生产及流通过程中，涉及将产品或服务提供给最终用户的上游与下游企业，由它们所形成的网链结构。

原来说公检法是一个流水线，虽然这确实有对司法功能的机械化理解的问题，但是确实也指出了其中作为上下游供应链的关系。而事实上，这个司法产品供应链结构远远不止三个机关的关系，还要涉及嫌疑人、被害人、辩护人、刑罚执行机构、司法机关的内部协作体系，以及社会公众和媒体的关注与参与，甚至包括立法机构的参与，这是一个非常复杂的网链结构。

以往的简单化理解，会使司法产品无法满足多方面的需要，影响司法公信力的提升。

在讨论司法产品供应链的时候自然要从它的源头说起。首先要有一个犯罪行为发生，然后司法产品链条才会开始启动，针对犯罪行为的及时查处，公正处理，最终实现秩序和公正的目标，这才是一个完整的司法产品。

而讨论司法产品的源头，那自然就要从犯罪与对犯罪的反应说起，其实这是一种侦查体制和社会预警体制问题。

司法产品不是以产量为目标，并不是犯罪越多，司法产品越多就越好，其实这样反而效果不好。如果犯罪越打击越多，那就说明犯罪预防工作没有做好，司法没有起到应有的作用，从而使社会安全感无法得到真正的满足，秩序的功能也无法实现。

事实上，二十年刑事案件数据的变化说明，刑事案件的恶性程度和数量都呈现了一个下降的趋势，重罪案件的占比在持续下降，这就说明社会治安转好，刑事司法发挥了应有的作用，当然刑事政策的效果是社会整体发展的结果。

这里边就有司法产品供应链的作用。首先来说，出警的速度加快了，很多地方都规定了几分钟到达现场，这就对犯罪产生了一定的震慑作用，同时给予被害人更强的安全感，最重要的是有利于案件的侦破。

这种所谓的几分钟出警的快速反应机制，不仅仅是信息技术，或者110 指挥中心的警情分配机制的优化，它是整个侦查体制的优化和重构，是派出所、各警种之间的协同，以及就近出警、属地责任等更加优化的任务分配机制。

同时还要配合整个社会不断提升的信息化水平，包括更加广泛的监控系统以及移动互联网技术，这些都需要提高对犯罪的反应能力。而这些技术和机制，不仅仅能够发挥对已发犯罪的查处能力，也产生了预防和威慑作用，使潜在的犯罪有所顾忌，从而减少了犯罪的发生。

根据传统的犯罪预防理论，即使是增加了一些路灯，也会减少一些犯罪的发生。而现在人人持有的智能手机，使每个人都可以发挥影像记录、联络、定位等功能，这也为犯罪的发现和反馈发挥了基础性的作用。这与以往要走很远才能找到电话亭的时代，是非常不同的。现在只要是人能看见，就意味着有人能够立即报警。

这是好的一面，但是我们也要清醒地看到，侦查质量有持续不高的问题。既然技术手段可以极大地提升侦查反应能力，为什么不能同时提高反应质量？这是因为反应质量还需要专业化的分工和侦查理念的提升，这些是以审判为中心的诉讼制度改革的需要，是司法产品新的导向，但是侦查环节有自身诉求，导致其无法同步转向。

侦查工作仍然有治安主义的倾向，就是重稳控社会面，而不是确保精准打击犯罪。因为侦查是刑事诉讼的范畴，广义上也属于司法行为，在很多国家应该是单独设立侦查机构，专司刑事侦查职责。但是我们目前还是存在刑事侦查和治安职能混同的问题，虽然内部是不同的部门，但是如果有重大治安维稳任务，刑事侦查的职能就会受到冲击。这个时候，检察官需要补充证据就找不到人了，这就影响了整个司法产品的产业链条正常推进。

也就是看起来，侦查环节应该是司法产品供应链的必要环节，但是有时候存在主业被冲击，无法保障供应链顺利进行的问题。而且这种冲击带有经常性，这就导致即使侦查人员希望提高侦查质量，但是没有时间保障，存在身不由己的问题，也只好得过且过。所以刑事侦查部门一日不能实现专业化，司法产品供应链的水平就一日不能得到根本的提升。这是以审判为中心再怎么倒逼都无法解决的结构性问题。

说白了就是刑事侦查专业化分工没有得到有效保障的问题。但实践中，这种不能保障远不止于此。

目前的侦查体制改革取消了预审部门，由派出所普遍承担侦查职能。这虽然在一定程度上提高了出警等反应能力，实现了警力下沉。但对于侦查专业化构成了巨大的冲击。以往的预审部门其实发挥了一种侦查质量把控的作用，并起到侦查经验传承的功能。因为侦查远远不是抓人那么简单，关键是如何通过讯问和证据收集为指控做好准备的问题，这些年可以说预审的作用功不可没。我刚上班那会儿，就从很多老预审身上学到了很多事实和证据把握的技巧。现在将这些经验团队打散之后，其专业能力就丧失了。很多年轻的警员在派出所不知道怎么办案，而带着他的师傅也不知道怎么办案。从原来不怎么办案，变成主要是来办案，自然要有很多需要磨合的过程。而刑事侦查功能对于派出所来说并不是最重要的业务，它还承担了很多治安和行政管理的职能，这使本来就分散的侦查职能更容易受到冲击。

很多检察官抱怨这种现象带来了侦查质量的下降，说给派出所讲课也没用。一个是你不可能给每个派出所都讲课，另外你讲完一遍，他又换几个新人，还是不会办案。这是因为它没有经验传承的机制，也没有以侦查为主业的职业动力和压力。事实上，即使从警校毕业的大学生想好好办案，也不知道该跟谁学办案。而刑事侦查工作是专业性很强的工作，没有几年的摸爬滚打是难以学到门道的。

一方面是没有经验，另一方面指标等压力又压下来了，什么立案数、刑拘数啊，等等，要想完成这些任务，即使抓盗窃犯都是要付出很大成本的。没有一定经验的话，盗窃犯也不好抓啊。

这样就往往催生了另一种现象，也就是什么好抓抓什么，也被称为找案源，快递小哥案就是在这种背景下发生的。就是将持有假证加油的快递小哥抓起来，一开始用使用虚假身份证件罪来套，最后发现需要情节严重，又套用伪造身份证件罪，理由是让他人为自己伪造。抓到一个能判之后，就开始抓起来，算是开发了一类案源，将本不应该纳入刑事程序的案件都纳入进来，就相当于为司法产品的供应链提供了伪劣产品。不仅影响司法机关的公信力，也不利于秩序和公正价值的维护。

我们发现这一情况后，通过出台规范性意见，通过不起诉等方式将这种侦查方式叫停。究其根源，还是侦查专业能力不高所致，总是想开发好抓的，一抓一大把的新案源，又不愿意付出大量的侦查成本，就很容易产生机械执法的问题。那些真正的犯罪，它们会躲着你，所以并不容易抓住。那些并不是真正的犯罪，只是形式上可能被套上犯罪的行政违法行为，才不会躲着你，会一抓一大把。这其实是一种机械执法的行为。

虽然这与以往刑讯逼供的冤假错案不一样，但是其对司法公信力的危害仍然不可忽视。而且这种机械执法的倾向，由于侦查能力的不专业性会成为无法扑灭的野火。除了快递小哥，很多气动力玩具枪案件，也经常因为超过非常有限的焦耳数而被纳入刑事程序。虽然气枪大妈案因为引起关注而被纠正了，但是引起气枪大妈案的机械执法根源从来没有得到根除。还有些涉众型经济犯罪案件，有些案件的嫌疑人都达到上千人，只要有一点关联，也不问明知程度一律收进来。这必然会产生大抓大放的问题，这也必然对司法产品的供应链产生冲击，虽然最后可以通过不起诉解决一部分问题，但是其带来的社会效果，从一开始就带有一定的负面性。

这种负面性会沿着司法产品供应链的链条不断蔓延，有些通过不批捕、不起诉，甚至无罪判决成功实现了阻断。但是还有一些只有舆情起来后才得到了关注和重视，所以舆情某种意义上也对司法产品的质量有一定的监督作用。

但是那些舆情关注不到的案件呢？由于侦查中心主义的惯性持续向前推进的机械执法案件，就成为伪劣的司法产品，败坏了整个司法品牌的声誉。

还有一些是通过辩护方积极发表意见的方式，把审前或者庭审的问题暴露出来，但这一样会影响司法产品的质量，至少浪费非常珍贵的司法资源。本来可以用这些司法资源和时间，打造一些更有价值的司法产品，本来对一些重要案件应该精耕细作，深入挖掘。或者对一些重要疑犯多想一些办法，使其及早归案；或者对一些疑难案件通过查微析疑，助力检察机关在庭上更加有力的指控，彰显正义的价值。但是这些机会被放弃了，反倒是为了满足指标，制造了不少夹生案，破坏了司法产品供应链的正常运行。

有的人认为侦查的问题可以通过捕诉一体和以审判为中心的倒逼机制解决，但现在我越来越持悲观主义的立场。我认为侦查的问题根子上还是需要通过侦查体制的重构来解决。长远看要实现刑事侦查的整体专业化，也就是侦查职能和治安职能的机构分设，可以参考移民局的方式，最高层由公安部管理，但是整个体系是相对独立的，专门履行刑事犯罪侦查职责。短期看，派出所履行侦查权的体制有必要调整，应该对派出所能够管辖的罪名进行必要的限制，更多的案件应该由相对专业的刑事侦查部门负责，应该重建具有预审功能的刑事侦查体系。

侦查质量的提高，不仅需要侦查人员的努力，也需要激励侦查人员努力的体制和侦查经验传承的组织载体。侦查作为刑事诉讼的起始，对整个司法产品供应链具有基础性作用。试想，如果正当防卫的意识能够在侦查机关就树立起来，在案件发生之初就能够主持公道，就能够做出不立案处理，或者是对于防卫过当和正当防卫拿不准的，至少也应该采取取保候审的强制措施，邀请检察机关提前介入。尽早给当事人和社会一个说法，不需要等到后期的不起诉决定，在前期就能够做出恰当的判断。侦查人员不再是不问青红找白，以结果论，以结果抓人。

只有这样，正当防卫的意识才能在公众中普及开来，从而鼓励公民敢于反抗不法侵害，这就又增加了一道预防犯罪的防线，从而进一步减少恶性犯罪的发生，让犯罪人在使用暴力时有所顾忌。这正是司法产品秩序价值的体现，这种秩序价值是通过及时公正处理得以实现的。而在整个司法供应链体系中侦查处于最前端，其反应的及时性是最强的。

司法产品的品控体系

凡是产品都有一个品质控制体系，从而确保司法产品的质量，不仅仅是指司法机关内部的管理机制，也包括司法产品的整个供应链体系。

检察机关由于处于司法产品供应链的中枢环节，因此很大程度上发挥了品控功能。

为什么这个功能不能由法院行使，不是说以审判为中心吗？这是因为这个中心离侦查太远了，如果都拿到法院再把控，就有点晚了，效率太低，而且成本也太高，对当事人来说也太煎熬了。而且通过大规模撤回起诉、无罪判决，对司法公信力的损害也比较大，阻力也比较大，难以实现。而且最重要的是，由于法院内部行政管理的极度强化，法官个人也没有权力作出无罪判决，其普遍对通过这种激烈方式实现庭审实质化的兴趣不大，而且也实现不了，无法发挥这种把关的功能。

可以说在没有解除司法行政化束缚的情况下，庭审实质化还无法充分立起来。而且近年来刑事审判部门在审判机关的地位也不断呈现边缘化的趋势，在审判资源的配置上也越来越不占优势。这也是无罪率在近年来处于低位徘徊，甚至远低于十年前的原因。

在司法产品的品控体系上，目前是终端在逐渐放弃把关功能。这也就使得中枢环节的把关压力加大。而且检察机关已经将作为中枢环节的把关当作重要司法业绩予以关注，包括"一个不凑数、一个不放过"理念的提出都有这个意思。

品质控制的意思可不仅仅是做减法，不批捕、不起诉了事，还要发挥追捕、追诉的职责，确保指控的完整。

但是更多的其实是日常的证据完善，也就是从捕开始就为指控做准备，实际上是强制性地进行提前介入，引导侦查机关在侦查终结前，按照指控的标准完善相应的证据。也就是在侦查环节增加了检察的话语权。

不再是侦查机关自己凭感觉把案子办完，而是侦查机关先开个头，在后半段，尤其是收尾的时候，检察机关会通过开列清单，强调标准的方式，对侦查终结的质量提出自己的要求。这就在某种意义上提高了侦查终结的基础质量。

如果说侦查终结的刑事案件也是一个阶段性的司法产品的话，那这个司法产品的品质也得到了一定程度的提升。而这个提升是检察参与把控的结果。

这种把控能力和意愿是检察机关通过捕诉一体的内部机制重构实现的，也就是将捕和诉两个环节从对司法产品品质要求的角度实现了利益一致。

这种效应或许可以叫作内部管理的外部效应。

因为检警关系本身没有实质的调整，只是通过检察机关内部调整的方式，就实现了检察官对外部司法供应链的强烈把控欲望。这其实是一种非常精巧的改革设计。

但是我们对这种外部的把控不放心，害怕把控力度太大，不批捕、不起诉一多就会产生滥权的效果，就希望对这种把控力度也进行把控。

这有三方面的原因：

一是侦查机关的把控反弹，被把控多了，自然有些意见，个案不好提出意见，就可以从整体上提出一些意见，要求检察机关更多要体现配合。而检察机关从管理层上为了维持配合管理，就必须对把关力度进行限制。

二是内部管理部门的崛起。内部管理部门通过抓住一些个案问题，来强调内部管理的必要性。而所谓的加强管理无非就是用更加行政化的审批制来替换司法责任制，为审批制回潮找到口实。但事实上，审批制当年的问题更多，更严重，付出了沉重的历史教训，如果忘记历史就意味着背叛。

三是管理层的失控感和焦虑感。虽然在司法责任制的背景下，司法产品的品质整体向好，品质控制也非常理想，但是这一切和自己越来越没有什么关系了，呈现了一种自组织状态，是检察官自发而为的结果，是本能的结果。事实上，就连检察官整体上也都呈现一种集体无意识的状态。但是内部控制也是管理者的本能，是司法行政化的本能。可能既不是为了让事情更好，也不是为了让事情更坏，就是要体现自己说的话还有人听，就要发挥作用。而且从现实看，办案又怎么可能完全没有任何问题？只要生产产品就会有问题，要想没有问题除非不生产。

就比如你在起诉时增加了一个罪名，即使一审法院认可你，但二审法院没有认可你，那就是你有问题，因为被告人有意见啊。只要有人有意见，有反应，就是你有问题。

不批捕、不起诉，只要公安复议复核，不管是否改变结果，也要重点复查。原来已经下放的权力，现在逐渐地要求上检察官联席会，文书审核，逐渐地都要求审批了。而为了规避审批，有三种处理方式：

（1）矛盾上交，不再自己下决心处理复杂问题，而是提交领导裁决。

（2）带病起诉，本来不适合起诉的，勉强起诉。当然正如前文分析，在庭审实质化并不实质的情况下，即使是带病案件法院也未必不判，也就是问题未必会马上显现，但是在未来将埋下隐患。就像审批制时代的冤假错案十多年之后才会批量纠正一样，这个是给未来埋雷。而最重要的是，让侦查机关失去信号传导机制，又一次放松了对侦查产品的品质控制，从而实现一种恶性循环。

（3）放弃检察裁量权，既然对不批捕、不起诉加大审批控制，为了自我压缩报批的指标，检察官只好放弃轻罪的不批捕和不起诉率。构罪即捕即诉重新抬头。因为这些案件的特点是构罪，至少是能判的，如果这些案件都报批了，再有些证据不好，实在没法批捕、起诉的案子，就不好报批了。这是强化管理带来的心理压力。而轻罪的不捕不诉，首先成为管理的牺牲品。

是内部管理权挤压了质量把控意愿，质量把控意愿又挤压了效果把控意愿，这是一个品控能力的下行曲线。

为什么本来希望实现内部质量提升的管理方式，却最后牺牲了一条司法产品供应链的品质提升？

其中的道理也并不复杂，这就像计划经济中，计划的目的是促进经济的发展，最后却发挥了遏制经济发展的作用；公社里计公分也是为了实现绩效考核，但就是比不了不计公分的家庭联产承包责任制。在这里边管理反而成为一种障碍。

这是由管理能力的有限性和社会发展的极其复杂性这对矛盾造成的。社会经济的复杂性远远超过了计划管理的计算量级，根本管不过来了。以管理的静态化、粗线条、线性思维来管理不断动态变化、微妙复杂的社会经济，是无法办到的，如果强管理，就只能阻断其中微循环的信号传输、不利于资源优化配置，最后就是僵化而失去活力。

这个道理对司法管理也是一样的。司法工作其实也是社会经济发展的折射，每一个案件都反映了特定的社会背景，其处理都不是线性思维的公式推演。在考虑司法产品品质的过程中，也要反映不断发展的法治建设水平，以审判为中心的诉讼制度改革的需要，人民群众的法治发展等诉求，以及特定案件的特定情境，对当事人要有一份了解之同情，要对案件有一种细微和精妙的把握，不仅要运用理性和也要倾注情感。而这些感受是不可化约的，无法用语言完全表达出来，无法用审查报告全面反映，必须通过司法官的亲历性实现。这不是通过行政审批就能够实现更优处理结果的，这也是司法办案责任制的本质。而能够对案件真正负责的人，只能是亲自办理的人，他们就像看病的医生，只有他们才能开出对症的药方，这里边权力本身并不高明。而简单化的管理只会破坏司法官对案件处理的真实意愿表达，为了规避自己的责任而放弃对案件品质的追求，这就是管理的悲剧。这个悲剧在计划上，在计公分上，在冤假错案之中都无数次地上演过。其根本原因就是破坏了规律，没有让规律这个无形之手发挥作用，这个规律就是人的自觉性和主动性。无论是经济规律还是司法规律，无非就是鼓励人发挥最大的自觉性和主动性。

没有任何创造性的作品是可以按着头在强迫下完成的，不可能通过行政强迫的方式实现真正的创造，而司法产品是一种复杂的创造活动。即使简单的机械劳动，也不能完全解决出工不出力的问题，更不要说创造性劳动的人类智慧。

这些人类智慧才是司法品质提升的真正源泉，而智慧必须要得到尊重，只能通过引导、激励、竞争等正面的方式去激发出来，而绝不可能通过强迫的方式实现。而这就是不可违抗的司法规律。

再强的命令都不如利益攸关

在整个司法产品的供应链体系中，检察机关都处于枢纽地位，履行枢纽作用。但中枢作用不是完全由位置决定的。

1.

启动侦查之后的案件，大部分还要往前走，要报捕，要移送审查起诉。从目前来看，主要是由检察机关发挥分流作用。事实上，检察机关所处的中间地带的位置也决定了其必须要发挥司法产品供应链的中枢作用。

但是这个中枢作用并不完全由位置决定，如果走个过场那什么样的位置都是没有意义的。就像以前构罪即捕、凡捕必诉，就使这种中枢地位仅具有通往法庭的通道意义，而不具有把控、过滤、分流等功能。

现在捕诉一体了，有些人还是怀念捕诉分离的时代，认为当时还存在捕与诉的相互制约。但是我恰好同时在这两个部门都干过，所以我深知那个所谓的制约指的是什么。那就是捕了以后就要诉，如果不诉，就相当于无罪处理，对批捕来说就是错案，这就是捕对诉的制约，这就是凡捕必诉的来源。而捕的理念主要是配合，相对于公诉来说，配合度要更大一些。这些配合最直观的体现就是逮捕率高，而公诉由于距离法庭较近，能够更多地体会到庭审实质化的压力，而批捕是感受不到这个压力的。因为又不需要他来出庭，所以在作出逮捕的决定的时候就比较放松，不会感受背后的庭审压力，也不会有及时要求侦查机关完善相关证据的需要，这就导致移送审查起诉之后，还要多次退补，但取证时机已经错失了。这就导致了司法产品供应链的冗长拖沓，而质量却持续低迷。通过牺牲效率的方式，没有提高质量，反而降低了质量。

对捕诉制约误解的根源就是误以为批捕部门具有绝对的中立性，就像羁押法官的状态去居中裁判，保持谦抑状态。但这是不现实的，因为他并不是羁押法官，批捕的检察官也仍然是检察官，不可能成为审判机关的一分子，他们没有中立性的定位，也不会有树立以审判为中心的自觉。而从惯性来说，它处于一种配合侦查机关的状态，仍然受着侦查中心主义的巨大影响，批捕是讲配合的这种理念仍然是根深蒂固的。最重要的是他没有庭审实质化的直接压力，不用与越来越强势的辩护人对庭。这些都决定了，批捕主要还是秉持一种侦查中心主义的立场来行使权力，而公诉这时受到批捕的制约，就是更多地受到侦查中心主义的制约。虽然也是一种制约，但是方向是与以审判为中心背道而驰的，所以并不是制约就一定是好的。再加上对及时补充完善证据和为出庭做好准备漠不关心的态度，实际上可以说是一种掣肘，而不是制约。

虽然我们老喜欢谈制约，但是要注意制约的方向性，从供应链规律来说，是从用户需求角度调整产品设计和供给，还是生产啥你就只能买啥？同样是制约，哪种是积极的导向？前者是市场经济的导向，后者是计划经济和稀缺时代的导向，哪种是我们的努力方向？

对于司法产品的供应链也一样，是捕诉审围着侦查转，你抓多少我捕多少诉多少判多少，还是立足以审判为中心的标准，层层过滤，确保那些真正有必要追诉的人获得应有的刑罚？对于行政处罚的没有必要纳入刑事诉讼程序，从捕诉环节就赶紧分流出去，对于证据链条不完整的案件要通过后续环节及时督促侦查机关补充完整，这个提醒自然是越早越有效，所以批捕环节就成为引导侦查补充完善证据的重要环节。证据实在不能满足指控标准也要坚决把住起诉关，确保追诉的公正性，只有公正的精准打击才能获得长久稳定的秩序，而这才是我们期望的制约。

2.

这个外部制约能力的增强，不是凭空而来的，它突出表现了捕诉一体之后的检察机关内部机制的重塑。

原来名为"制约"实为"掣肘"的捕诉关系统合到一个检察官身上后，"掣肘"没有了，捕诉的合力可以发挥最大的效能。

正是这个发挥到最大效能的捕诉合力，才能引起侦查机关的重视，从而引发侦查质量的提高，并为指控奠定更为坚实的基础。

正因此，捕诉一体不仅仅是检察机关内部的一场重塑性改革，也是对司法产品供应链的一场重塑性改革，这种外部效应，是我们不易观察到的。

我们原来以为的是，有了以审判为中心诉讼制度改革的推进，侦查自然而然地就会慢慢好起来，就会感受到压力，从而形成倒逼机制。检察机关只要传导信号就行了，最多也就是一个通道作用。

但是司法实践的现实告诉我们，以往的司法产品供应链体系的惯性是强大的。至少新的案子还能照常捕，侦查机关根本不可能感受到所谓的庭审压力。一方面，侦查人员基本不会去旁听庭审，庭审到底怎么回事，他根本不知道；另一方面，审判人员也不叫他们来出庭，这个原因我以前也讲过了，主要是以审判为中心对审判人员自身并没有太多的实际意义，所以侦查人员根本感受不到庭审的压力。事实上，捕诉分立的批捕人员也同样感受不到庭审的压力。这就导致了，只要捕诉分立，高逮捕率以及在其呵护下的侦查质量低迷的现状就不会得到根本的改变。

公诉人是干着急也没有用，即使可以增加一些不起诉率也没用，因为逮捕率才是王道。逮捕可以保证侦查终结顺利完成，只要案子能结了，最后的处理结果就不是侦查人员最关心的。从侦查机关来看，也不是侦查机关最关心的。总体来看侦查机关还是一种治安主义的侦查思维，抓人破案是第一位的，准确率是第二位的。

为了让侦查机关感受到庭审压力，是不是可以提高不起诉率，让他们的感受强烈一些？这个时候公诉部门又会受到本院批捕部门的强大牵制，认为这是不打击犯罪，不敢担当。因为不起诉之后对于批捕来说也意味着是错案，所以侦查机关没有说话之前，批捕部门就先说话了。而且通常情况下，主管批捕的领导资历一般会更老一些，所以话语权更大。在这个时候，他不会拿自己的案件质量说事，而是拿打击犯罪说事，背后又有公安的支持，自然势力更强。这就会导致，在捕诉分离的时候，往往会有一个不起诉率控制，目的就在于控制住公诉部门压力传导作用的发挥。

虽然公诉部门也可以拿以审判为中心说事，但是在领导层看来，还是迫于法院的压力，整体上还是属于妥协，不如站在侦查的立场上往前冲更具有道德优势，这就确保了检察机关的这个枢纽的传导方向，实际上更多的是向审判端传导侦查中心的压力，而不是向侦查传导以审判为中心的压力。

这就是检察机关内部结构对外部功能的影响。

只有在捕诉真的在一个检察官身上实现一体化之后，对以审判为中心的敬畏，在庭审中感受到的压力，才会通过不捕不诉传导开来。

这本质是在传导一种恐惧，这个案子判不了怎么办啊，这个案子法庭上辩护人提出什么辩护意见可无法应对啊，判无罪要承担责任的……这种检察官不好明说的恐惧，都会影响他们对眼下案件的处理。

可以说正是对以审判为中心的恐惧，才转化为不捕不诉的制约压力。事实上，都不是检察官为了制约而制约，为了追求更好的司法产品而制约。他是害怕自己承担责任，从而最大限度地规避责任，实际上是在为自保而传导压力。这才是真实的传导逻辑。但正是这些本能的反映才打通了案件质量传递通道。

以往想尽各种办法都无法破解的问题，却由于这样一个内部职能整合而解决。

某种意义上，捕诉分离实际上是在检察机关内部建立了一个针对以审判为中心的防火墙，通过捕对诉的不了解，通过对庭审不接触，通过信息不对称和责任不对称，屏蔽了庭审实质化的压力。

捕诉一体就是拆除这层防火墙，实现了信息的完全对称，既能感受到庭审的压力，又能第一时间接触侦查机关，才能使信息和信号实现正常流转。又由于对无罪的恐惧，对自身责任承担的恐惧，在捕诉裁量上发挥了信号放大器的作用。实际上，就是通过人性来传导压力，实现压力的加速转导。

由于侦查机关对侦查终结的焦虑，对捕的在意，从而才会去完成以往不是特别愿意做的补查工作。其实就是通过侦查机关完善证据的方式来填补检察官内心的焦虑，如果不能填满就会导致案件无法继续走下去。尤其是下一次批捕都无法完成，这种压力对于侦查机关是实实在在的。

正是这种实实在在的压力，才成为倒逼侦查质量提高的压力。以审判为中心过于遥远，即使公诉部门大声疾呼侦查机关也无法感同身受，只有触及"捕"这个痛点，涉及自己能否顺利侦查终结时，侦查人员才会有感觉。就像只有履行批捕职责的检察官站到法庭上的时候，他才会对什么叫庭审实质化有感觉一样。

人只有在威胁到切身利益时才会普遍性地采取行动。你可以说是惰性，但说教无法发挥根本性的作用，必须让他感受到真东西，并直接与他的利益挂钩，才会真正发挥作用。

就像包产到户一样，必须将收益与作为社会细胞的家庭挂钩，才会激发无穷的潜力。

司法改革同样也必须与人的切身利益挂钩，才会真正发挥出作用。捕诉一体实际上就是让捕与庭审实质化挂钩的过程，而侦查又与批捕直接挂钩，而这个"钩子"不是别的就是人性，是人的趋利避害的本能。

只有尊重人性的本能，才算是司法规律。所谓的司法规律，就是司法运行中的人性规律。背离人性的机制，不管干起来多美好，都无法发挥应有的作用。

事实上，检察机关枢纽作用的发挥，自然也要尊重这个规律，让每一个检察官自发地发挥作用，看似微弱，但合在一起的能量就是极为强大的，而人性的力量则是取之不尽用之不竭的，因为它会自发地工作，自发地发挥到极致。

求极致，一定不是极致的要求，而是激发其追求的热情，让其自觉自发地孜孜以求。

所以再强的命令，都不如利益的攸关，这是制度设计的一把钥匙。

第四章

法治的生态

你为什么不敢担当？

这是一个深入每一个司法官骨髓的话题，但其中的痛楚又不足为外人道。

这是一句自上而下的鞭策，带有强烈的方向性，不可逆向表达。

你不可能看见一个司法官在审查意见不能获批成功时，指责上级不敢担当。

是你不敢担当，重要的是"你"，也只能是"你"。

你为什么不敢担当？

并不是为了鼓励你坚持正确的意见，恰恰是因为过于坚持了自己的意见。而坚持的意见又与领导期望的不一致，这才导致的批评。你的意见是否正确并不重要，重要的是你的坚持，有可能导致错案的责任由上级承担。

因为改变下属的意见要承担改变之后的责任嘛，这是司法责任制的归责原则。但是如果你的意见与上级一致，上级只是同意你的意见，这个责任就要小很多，只是把关不严的问题。

而你的坚持就会使本来一个把关不严的责任，变成故意修改意见承担全部责任的责任，这是一种十分危险的境地。

所以才说你不敢担当，因为你让上级陷入尴尬的危险境地，你没有承担起首先背负责任的"责任"，所以你当然是不敢担当。

也就是你在提前"甩锅"。

当然还要看"甩锅"的主观心态是故意还是过失。

有些真不是故意甩锅，他只是认为自己是对的，坚持己见而已，顶多算是不开窍、不懂事，比较拧。

可是，领导也不是没有做他的工作，已经暗示或者明示他修改意见都不行，就非要对着干，有点把领导架在那个尴尬地位的感觉。

直接否定承办人的意见然后自己拍板吧，承办人的意见还有可能是对的，自己可能要承担责任。不拿明确否定的意见，好像又被他治住了。这两个感觉都不好，而且以后真是特别需要他配合修改意见的时候，怎么办呢？就有点管不住了，这是一种真正的隐忧，它直接威胁到所辖司法权的控制问题。它是一种权利对权力的威胁。

这个威胁的根源在于，在领导的审批权之上还有更大的行政权力，那就是司法行政权。因为错案要被追究责任，无罪、不起诉案件、捕后不诉等案件要复查。上级之上还有上级，行政权力之外还有行政权力，司法责任制不仅对基层司法官有控制作用，对所有司法权的行使者都有影响，虽然这个影响的程度是不同的。

这就是上级不能随意拿意见的原因。很多老同志用大白话讲，就是各拿各的意见呗，也就是让历史来评判，让更大的行政权力来评判。但是这就相当于跟领导摊牌，公开表达对修改自己意见的不服从，公开地不给领导规避责任追究的机会。

如果上级认为自己的意见是对的话，那也不应该惧怕所谓的责任追究啊。

但这显然是天真的，即使领导也是没有私心的，也认为自己的意见是对的，也仍然不能完全避免责任追究的风险，这就是司法行政权的可怕之处，即使是领导也要怕。

因为行政化的责任追究，往往采取的是唯结果论和有罪推定。司法责任制的追责原则没有受到正当程序原则的保护，而是带有很强的主观随意性。最好的方法就是在落笔签字的时候，把自己的责任尽量提前规避掉。

比如这个案子起诉时有一定的风险，承办人拿了不起诉的意见，主管领导认为虽然有一定诉讼风险，但可以起诉，但是结果被判无罪。那板子就要打到主管领导这边，并不会问是否真的有过错，并不会去考量起诉、审判在标准和定位上存在差别。只要是无罪就是检察机关有问题，只要是你坚持要求起诉的，那责任就由你承担。而如果你只是同意承办人的意见，那承办人就承担了规避责任的防火墙的问题，即使有问题，也烧不到自己身上。

这种案件偶尔有一次领导也许还能承受，但是如果这种事情搞多了，哪个领导也承受不了，所以领导心里也怕。

批评你为什么不敢担当，其实也是在传递这种说不出的恐惧。

是对司法行政权的恐惧，是对唯结果论和机械规则的恐惧。

而我们对结果的恐惧到底又是因为什么？为什么就不能淡定一点？无罪多一点有什么好怕的，是谁将无罪案件与错案画等号的？这不正是以审判为中心的诉讼制度改革的必然产物吗，如果有罪率是接近100%，那还叫什么庭审实质化？

说白了，还不是因为我们不够自信嘛，是从整体上和骨子里的不够自信。

我们有几百个无罪就很怕，公安机关承受了几万件的不起诉，十几万的不批捕也没有怕，这里体现的就是我们的不自信。其实无罪、不起诉、不批捕，是否作为问题案件，是否要将外部结果转化为内部责任，这全在于自己内部的管理方式，是基于信任和还是不信任。

要是基于信任，我们就不应该直接拿这些结果说事，找到真正的渎职行为才会追究责任，而如果是不信任，即使是别人判错了，我们都要先给自己人批评一顿。

我就有一个案子，法院改变指控罪名了，市院说你这个搞错了，这个案子有问题。我当时说，这个罪名检法有一定认识分歧，不好说一定就是我们的问题，我们当时想抗诉分院没同意，而且这个案子上诉了，判决还没有生效呢。即使要抓负面典型也不到时候呢。结果还是发了一个案例，说指控的定性有误，理由就是一审判决的理由。可是没过多久，二审在没有改变刑罚的情况下，又把罪名改回指控的罪名了，这回可是生效判决。这又怎么说呢？

结果还没有定论呢，更不要说责任的判定了，自己先来五十大板。这就是极度的不自信。

我们长期的这种不自信，其实来自于过往的经历，是危机感所产生的生存压力，甚至是阴影，让我们特别害怕，不想让别人说我们有一点不好，只要说一点不好，我们就会变得特别敏感，从而反应特别强烈。

就像有些父母，只要孩子成绩稍微有一点不好，有一点负面的评价，就会激烈地训斥孩子。只要外面有一点反馈，回家就打孩子，不管反馈对不对，先打孩子。这和那些从容淡定的家长相比，折射出的就是骨子里的不自信，不是对孩子的不自信，首先是对自己的不自信。

所有的行为都来源于心理，所有的反应模式都来自于特有的心理机制。我们的不自信是有着特别的心理机制的，这个心理机制来自于过往的真实经历和现实的真实压力。

所以这是一种危机感的笼罩，导致内部反应的过度敏感，过度敏感的反应，导致了领导也不敢直接拿意见，都要小心地不要碰触归责原则，而所谓的不敢担当，其实成了一种矛盾转嫁。

当然这种转嫁具有双向性，有时还真的是承办人不敢担当，只要有一点证据问题就不敢起诉，还真是不敢担当。但他的不敢担当同样也是在规避行政管理所产生的归责风险，他也不愿意面对被复查、被追责的负面结果。他宁可被批评为不敢担当，也要拼命把这个锅甩出去。

但是同样由于司法行政权的过度管控，上级也不敢轻易把这个锅接住，敢于自己拍板。没有几个领导敢轻易推翻不诉的意见的，因为对证据审查最精细的当然还是承办人，证据审查是最讲究亲历性的，即使你有信心纠正都不敢轻易地纠正，因为你也不确定法院是否买账。即使是上级复查不起诉有质量问题，也没几个敢纠正的。

所以检察院最怕的还是法院，而法院最怕的只是上级法院。有时候法院不喜欢检察机关的抗诉，不是因为抗诉能够直接决定结果，而是抗诉可以引发二审程序，甚至引起最高司法机关的关注，而这些才是下级法院真正害怕的。但是大家真正都害怕的还是错案追究的不问青红皂白，因为只要案子办多了谁都保不齐哪个案子出问题，而只要出了问题就有责任。

所以归根结底，承办人还是害怕唯结果的追责，所以自己能够做的就是把结果控制在自己手里，比如证据不足的不起诉，那基本上就到此为止了，不再有法院的审查和判断了。

而证据不足这种否定性的评价是最难推翻的，因为如果要推翻它，你就要承担建立证据链条的责任以及说服一审法庭和二审法庭的责任，只要有一个链条出问题，最后没有被有效定罪，那就意味着推翻是错的。由于这个推翻成本过高，责任过大，所以也就很难推翻。

更不要说，主管也有自身的压力，所以除了他跳起来说：你为什么不敢担当?! 他又能做什么呢，他也担当不起。

你为什么不敢担当? 因为我真是担当不起。

正义是否也有保质期?

效率和质量同样重要,有时候效率也是质量的一部分。对于一些不易保存的农副产品,送达的效率就直接关系到产品的新鲜程度,而新鲜程度就是这些农副产品最重要的质量,比如再好的香蕉,如果多放几天也会变成烂香蕉。

司法产品也有类似的问题,为什么说迟到的正义非正义,就是这个意思。也就是说正义是有保质期的,时间长了就会腐烂。

比如一个案件,如果被告人要经过十年的讼累才能被判无罪,那这十年光阴如何弥补?这个正义就有点过期了。

被害人呢,十年之后发现凶手抓错了,浪费了十年的抓捕时机,那就意味着查获真凶无望了。而搞十年都搞错了的司法机关,你还有信心再给他十年时间吗?你又能等待几个十年?

对于公众来说,这几乎就相当于一个冤假错案——虽然其实一直在诉讼进程当中。纠正结果到来的越久,给公众带来的感觉就越差,这是一种直觉,因为公众几乎闻到的是正义腐烂的味道。这看起来只是一种感觉,但其实有着坚实的逻辑基础。

纠错机制的延宕,充分说明了司法机关运行的低效和官僚,而在这种机制下生产出低质的司法产品绝不是偶然的,而是源源不断的,它不是一个产品的问题,它暴露的是一个产业链的问题,是供应链整体的问题。

虽然这个案件最后是纠正了,但是在纠正之前它却处于一种十年未纠正的状态，而人们对事物的感受是通过时间累积起来的。最后的好印象，也不能弥补十年来给公众留下的坏印象。

不是说所有的案件都要瞬间完成，这既不现实，也不可能。根据案件复杂程度和关切程度的不同，对不同案件都有一个大致的心理预期，这一般趋近于同类案件的平均水平。案件越复杂，公众的预期时间也会越长，案件越简单，预期时间就会越短。超过平均水平，就会呈现不耐烦，认为是低效，再超过一定期间，其负面的印象甚至都有可能超过结果公正性带来的正面印象。

而关切程度越高，公众的耐心反而会越低。虽然这时候案件应该是一个复杂的案件，一般来说还是要耗费不少的时间和精力，但是如果按照一般的周期办完还是会让公众失望。好像就是因为关注的人多了，案件就应该加快进度一样。虽然这本身也有非理性的层面，但这就是大众的普遍心理。只有以超出一般的效率处理此类案件，才能满足公众的关切，才会被肯定和称赞。

而且这种关切会随着案件与自身利益紧密程度的增强而增强，比如疫情案件，或者恶性犯罪案件，在案发所在地区和城市的关切程度就要远高于其他地区。当然，案件影响面的大小，也决定了关切者的基数大小。除了自身利益的真实影响，更多的是由于现代媒体所形成的新闻即时化所引发的恐惧想象，这种想象加深了焦虑和关切。

虽然一般速度也无可指摘，但是公众就是觉得没有得到充分的尊重和满足。这就像案件如果得到领导关注的话，就一定要加快处理一样，关切本身就带有一种压力。就像在说，这个案子我盯着呢，我等结果，这几乎就是"我希望尽快看到结果"的同义词。公众的心理也是一样的，关注就意味着期待和尽快看到结果的意思。

关注即期待，期待即压力。

这种对公正结果的满足也离不开及时性——效率。

所以效率绝不仅仅是质量的附庸，它有时候就是结果本身，它包含了追求公正的努力和尽责的态度，表明司法机关整体的运转良好，表明对公众态度的尊重和关切，表明更好的司法能力，并值得持续的期待和信赖。

因此效率不仅是对一次结果的评价，它也是对司法产品产出机制的检验。

正因此，在关注质量的同时，公众也给予效率同等的关注度。

检察机关作为中枢环节，对整个司法产品产业链的效率要负起第一位的责任。

如果说对案件质量的负责，检察机关作为第一责任人，还带有以审判为中心的诉讼制度改革初级阶段的特殊背景，还具有暂时性的话。那对司法产品效率的把控，检察机关的第一责任将是长期的。

因为，现在制约司法效率的瓶颈主要在审前，即使是审判阶段的效率提高，检察机关也可以通过审前的努力，比如认罪认罚工作的开展，为审判效率的提高做好基础性工作。

这些都只有检察机关可以做，包括对侦查效率的提升，也可以由捕诉一体化的紧密衔接，促进检警一体化的紧密衔接而完成。

提高侦查质量可能要更难一点，但是提高侦查效率反而相对容易做到，也在检察机关审前主导的能力范围。

以往捕是捕，诉是诉，侦查是侦查，各管一段，各自按周期和节奏来。要说走得近的话，那实际上是批捕和侦查走得近，公诉和审判走得近，检察机关的职能就分化在侦查和审判的两端。所以很难说是中枢作用，往往是侦查和审判矛盾的爆发地带，最主要就是捕诉矛盾的问题。因此，很难对司法产品的供应链条产生主动的作为，更多的是被动的矛盾累积和爆发，有点侦查和审判的代理人战争的味道，是战场，不是控制中心。

这一个根本性的矛盾，直到实行捕诉一体才得以解决，检察机关才能开始发挥中枢的程序把控作用。质量之前讲过了，这里主要讲效率问题。

就像刚才分析的，效率也是质量的一部分内容，也是司法产品品质的一部分，因此讲效率某种意义上也是谈质量。而且我们说的效率，显然不是萝卜快了不洗泥的效率，而一定是在坚持质量基础之上的效率。完全抛开质量的效率，是不是这个人干的都搞不清楚的效率，最后必然要翻车，要有反复，也不能真正带来效率的提高。所以我们讲的一定是有质量的效率。

捕诉一体有一个最大的好处就是，捕诉之间的空白地带有人管了。之前是没人管的，批捕完了，案件就结了，捕后的就和自己没关系了。而这个时候案子还没到审查起诉环节，公诉也没法管，这就成了一个两不管地带。

正是因为存在检察机关的两不管问题，也助长了侦查机关的惰性，很多时候案件捕完了，就放那了，根本不去做任何工作。最后侦查期满了再送过来，如果想做点什么工作那就报请延长期限。那这个空白地带到底有多长时间？

捕后的侦查羁押期限是两个月，一延1个月，二延和三延都是两个月。这就意味着这个空白地带至少是两个月，3～5个月非常普遍，完全用满7个月的也不在少数。而这2～7个月的时间，整个司法产品的供应链处于一种空转的状态，那效率还能高吗？

相比于此，由于拘留期限的限制，捕前的时间不会超过30天，而很多案件只有3～7天的时间，很多证据就是在这短短的时间内取得的。因此核心的，有效的侦查时间，在整个侦查期间非常有限，很多时候连十分之一都不到。剩下的时间，实际上就是被耗费的时间，这个时间就是公众不断失去耐心，不断对司法公信力产生质疑，甚至对结果都不甚满意的虚掷时间。

因为公众依靠常识可以判断，最后出示的证据也根本不需要耗费半年的时间进行调取，更不用再耗费半年的时间进行审查，也不需要再耗费一年半载的时间来审判，以及后续更长时间的二审，重审，再次二审，有些还有再审。这些冗长的时间与实际上搜集的证据和案件本身的复杂性是不成比例的，这些并不需要法学知识，只要有常识就能判断。

是什么导致后续诉讼时间不断延宕的呢？这既有诉讼机制整体官僚化的问题，也有侦查基础不牢的问题。而这个基础不牢，很大程度上是因为浪费了最初的侦查时间，亡羊补牢的成本是极大的。

一个非常简单的证据，在侦查初期说取就取来了，因为没有取到这个最有效的证据，为了弥补这个链条缺失，就需要收集十个八个外围证据来填补，这就会不断增加诉讼成本，延长诉讼时间。

所以案件质量要从侦查的基础抓起，诉讼的效率也要从诉讼的前端抓起。

刚才说到有效侦查时间主要是捕前的短暂时间，这个时候证据必须要做个"大概齐"，否则是捕不了的。如果轻松捕了，那这个"大概齐"恐怕就会延续下去，延长侦查羁押期限就像一个漫长的滑梯，将这个"大概齐"的证据一直送到公诉人手里。

公诉人受理案件之后又要费很多心力一再退回补充侦查，可是由于案件已经捕了，公安就不再着急了。大概齐就大概齐吧，后续适当应付一下，这个大概齐的证据走到哪个诉讼环节，哪个诉讼环节就要费半天劲。

一方面要费劲地让公安补充完善，但这显然已经是奢望了，因为很多证据已经查不到了，而且公安的积极性也下降了，对他们来说这已经是侦查终结的旧案了，还有很多新案要忙了，你着急他不着急。

另一方面，对于这些链条缺失的证据如何串联起来，自然要多费一些工夫，即使最后要拿一个不起诉或者无罪的意见，你也总要穷尽所有可能性。费心费力地思考半天，实在没办法了，才能拿出这个意见。而这个意见还要经过层层汇报，自然要十分用心地准备，这些用心用力不可能不耗费诉讼时间。而这后续所有的耗费，都来自逮捕时轻易放纵的"大概齐"。

一个不着急不在意，需要后续十倍百倍的着急和在意来弥补，这就是诉讼效率低下的根本原因。

因此，诉讼效率的关键就在逮捕前后。

捕诉一体之后，公诉人明白，一旦放松了，就要给自己的审查起诉和出庭指控带来巨大的麻烦，即使只为了自己，也不会让"大概齐"轻易通过批捕环节。

这也是司法责任制之后，证据不足的不捕率大幅度提高的原因。高检院的工作报告就明确指出，2019 年，全国检察机关对不构成犯罪或证据不足的决定不批捕 191290 人、不起诉 41409 人，较 5 年前分别上升 62.8% 和 74.6%。

这看起来是关注质量，其实也是在关注效率。因为"大概齐"一旦放过，公安就放松了，那证据就不好捕了。只有通过不批捕明确告诉他们"大概齐"是过不去的，侦查机关才会真正关注捕前的侦查质量。这个质量的提高，自然就为后续的审查起诉、出庭、审判奠定了坚实的基础，从而也提高了整体的诉讼效率。

捕诉一体之后，也就相当于刑事案件被检察官包干了，捕诉之间的空白地带开始有人管了。

因为这个案子就是你的，不管是捕与不捕，你知道这个案子还是会由你来审查起诉，所以这个案件的全链条你都要关心。即使你捕了，你也知道这个案件在有些地方还不到公诉的标准，还需要及时的完善，你自然而然地就会在批捕决定书之后，附上补充证据的提纲，要求侦查机关及时完成。如果不能完成，或者什么都不干，侦查人员再向你报延的时候也会不好意思，你也会给他对对账。问问他这一个月都干吗了，证据补的怎么样，如果什么都没干的话，那还继续延长侦查羁押期限干什么？有过几回之后，就会让侦查人员明白不是逮捕就完了，捕后的事是有人管的。由于没有侦查终结，而侦查终结又非常依赖于羁押措施的维系，这个时候延押的效果就和批捕相当了，可以发挥有效的对侦查工作的验收作用。审查逮捕相当于初步验收，每一次延长羁押期限都相当于"整改措施"的检验落实，一旦验收没有通过，那就不再延长羁押期限了。这样，侦查人员就要承受案件短期内无法侦查终结的痛苦，越来越多的案件无法及时侦查终结就会让领导对其侦查能力产生怀疑，从而影响其自身的发展。而人们只有在涉及切身利益的时候才会真正着急，才会开始干活。这也是为什么逮捕的制约力量一直比公诉和审判大的一个原因。

因为侦查终结影响侦查人员的个人利益，而目前的侦查模式又高度地依赖于羁押状态，这相当于侦查人员的痛点。只有拿住痛点，才会真正产生制约效果。

通过批捕阶段对侦查质量的初步验收和引导，再通过后续延长羁押期限的不断督促落实，不仅可以整体上提高质量，将宝贵的侦查初期时间用起来，而且也就实质地提高了侦查效率。促使绝大部分案件在捕后很短的时间就侦查终结，极大减少了侦查羁押期限的延长，这首先就提高了侦查阶段的工作效率。这就争取了几个月的时间。

由于侦查能够按照检察机关的要求及时完善证据，审查起诉的时间自然就极大地缩短了，捕诉都是一个人嘛。审查逮捕的时候审过了，延长羁押期限的时候又审过了，实际上是从批捕之后就一直跟着，需要补的证据基本都到位了。那就可以要求侦查机关及时移送审查起诉，而审查起诉也不用再审一遍了，只要做一些准备工作就可以提起公诉，很多时候可能连延长审查起诉期限都省却了，就更不要说退回补充侦查了。这就相当于案件成熟一个，起诉一个，自然审查阶段又可以省下几个月的时间。

这样一看，只要抓住了逮捕前后的关键环节，审前的周期就可以压缩小半年的时间，诉讼效率自然就有了极大的提升。而最重要的是，案件质量得到检察机关的有力把关之后，也为庭审打下了坚实的基础，这也是近年来无罪案件率不断下降，并处于低位徘徊的原因。

批捕、起诉关把住了，审判自然就踏实多了。从捕到诉一直跟进，把握案件质量的检察官，指控和证明犯罪的能力也必然得到相应的提升，说话更有底气，毕竟很多的证据都是根据他的意见补的。而他要求补充证据的标准是基于以往庭审的经验，基于庭审实质化的标准，因为即使在审查逮捕时他也是按照公诉人的标准在审查，他了解庭审的压力，从本能上他也不想在出庭时难堪，给自己找麻烦。

即使有些证据补的多了一点，也比少了要强，这是庭审实质化带来的心态变化，而这种压力只有通过公诉人才能传导到侦查环节。也就是说同一个人既要感受到庭审的压力，又要在侦查初期就能跟侦查员说上话，而且说的话还要有人听才会发生这种实质性的变化。

这种变化是质量意义上的，但是表现最直接的还是效率意义上，审前节约半年，一审再节约几个月，只要案件质量扎实，在后续的环节都会实现效率的提升，而且由于证据的扎实还会减少后续程序的发生。

在这个意义上说，效率和质量是相辅相成的关系。以往很多人都以为效率和质量是一对矛盾，要质量就会牺牲效率，而提高效率也免不了以质量为代价。

但真实的情况是，制约质量的问题同样也制约着效率，那就是审前阶段的松散、空转、掣肘问题，以及与审判为中心缺少沟通管道等问题，也就是司法产品的供应链缺少有效的整合问题。

这种有效的整合，实际上是对司法产品的生产链条和生产方式的重新组织，重构了利益链条、供给周期、验收方式，从原来估摸着生产，到现在根据庭审的需要而进行定制化的生产，并通过智能化的改造，实现对质量的随时把控，实现产品的随时出炉，减少了产品和原料的积压，生产资源的周转效率就提高了，生产能力被有效利用起来，效率自然就提高了。而由于定制化的设计和验收，产品的满意度自然也就得到了提升。

就像好的企业，不仅是产品质量好，而且产能也高，生产效率也高，所以才能以更短的时间生产质量更好的产品，这是一种良性循环。

而陷入那种质量和效率矛盾怪圈的企业，往往是没有真正理解质量和效率的关系。

就像很多司法机关也没有没有真正理解质量和效率的关系。

真正的破解之道在于模式变革，在于重构现有的组织结构和组织关系，是一种组织模式的升级进化之路，而不是一时一事的权衡和取舍。

我们关注正义的保质期，不仅是在意一件司法产品的及时性，也意在检验整个司法链条的良性运转。而我们在意这份迫切的感受，不仅仅是平息一时的舆情，而应该着眼公众对司法产品及时性的长期需求，对治理能力的深度关切。

所有的机械执法都会打着公共利益的旗号

在《拒绝司法平庸主义》一文中，笔者批评使用虚假证件加油而一律入刑的问题时，有网友认为无证驾驶就应该从严，因为这危及路人的安全。

事实上，公共安全、公共利益是所有机械执法的共同旗号。

无证驾驶作为交通违法行为威胁到公共安全，这一点我承认。但事实上，所有的交通违法行为，包括超载、疲劳驾驶、闯红灯、超速、逆行等等，与无证驾驶一样都威胁到公共安全。也就是说，凡是交通违法的行为，都或多或少地危害到公共安全。

这是因为交通本身具有公共性，车流人流如织，维系着社会的运转。社会越发达，这种流动性越频繁；社会越发展，汽车保有量也就越多；城市越繁华，车流和人流也就越密集。

这些密集的车辆和人流自然增加了交通安全的风险。

作为规范交通行为的交通法规的目的就是确保交通的秩序，从而确保公共安全，而交通违法行为作为对交通秩序的破坏，自然也就威胁到了公共安全。造成损害结果的就是交通肇事，没有造成结果的也是违法，也是构成了一种潜在的风险。就像网友所谴责的无证驾驶的行为，自然就不能完全确保安全行驶，从而威胁到公共安全。

但是这些没有损害结果的交通违法行为，并没有都纳入到刑法中来。只有追逐竞驶，情节恶劣的；醉酒驾驶机动车的；从事校车业务或者旅客运输，严重超过额定乘员载客，或者严重超过规定时速行驶的；违反危险化学品安全管理规定运输危险化学品，危及公共安全的，这种四种行为纳入刑法，合称为危险驾驶罪。

即使人民群众最痛恨的酒后驾车行为，也只有车辆驾驶人员血液中的酒精含量大于或者等于80mg/100ml的驾驶行为才作为醉酒驾驶机动车的行为，低于这个标准的，即使你再痛恨，也不能作为犯罪来评价，只能进行行政处罚。

至于这四种行为之外的其他交通违法行为，难道就对公共安全没有危险么？同样有危险，但是立法机关认为程度上还没有达到与这四种行为相当的情形，因此也就没有纳入犯罪圈之中。

这是为什么呢？

因为同样是对公共安全的威胁，也是存在差别的。

比如酒后驾车，酒精含量大于80mg/100ml的，我们一般就认为程度就高于70mg/100ml、60mg/100ml、50mg/100ml，虽然实际情况也未必。但是从清醒程度上，一般来说是有所差别的。达到多少需要刑法介入呢？目前认为就是80mg/100ml。

但从很多人的情感理解上来说，喝一杯酒都不行，只要是喝酒驾车就应该判刑，没有必要在意，50mg/100ml、70mg/100ml，甚至20mg/100ml，都应该入刑。只有这样才叫从严，才能刹住酒后驾车的恶习。

这个从情感上可以理解，这种希望交通安全的迫切心情也可以接受，甚至认为只要酒后驾车就会威胁到千万路人的生命安全的担心也是有一定道理的。但是这只是感性的认知。

而法律是理性的，法律还要对这种种违反交通法规的行为、威胁到公共安全的行为，在程度上进行细分，就是要进行定量分析。

在量的基础上，划分出一定的界限，哪些需要刑法评价，哪些是行政法管辖的范畴，而不是因为刑法严厉就一味纳入刑法来评价，让刑法完全代替行政法来对社会进行管理，这必将失去刑罚的谦抑性。而滥施刑罚将导致刑罚失去它应有的功能。

什么都要严，那就无所谓真正的严，什么都是犯罪，那也就无所谓真正的犯罪，也就使行政违法将没有存在的空间。那就意味着实际上用司法权来代替行政权进行社会管理，杀鸡用牛刀，不仅成本过高，也将失去必要的效率，以及更重要的公正。因为公正的处罚就需要有区分度和恰当性，这就是比例性原则。

事实上，这样还将冲击罪刑法定原则。刑罚作为最严厉的处罚措施，也必然受着最严格的约束，只有立法机关才能决定将哪种违法行为、何种违法程度纳入到刑法体系中来评价。即使立法已经确定了构成要件，还要再经过严格的司法程序才能够真正地定罪处罚。法律正是通过这种立法和司法的双重严格性，尽量避免将一般的违法行为与犯罪行为混同。这是因为定罪处刑之后的污名性要伴随犯罪人终身，不仅影响本人的工作、学习、结婚，甚至影响子女的入学、参军、就业、择偶，这个影响是巨大的。

因此动用刑罚必须慎之又慎。

而行政处罚相比于此，其不良影响就会小很多，因此其标准制定，以及决定程序也就会相对简单，效率自然也就更高。

虽然同样对公共安全有着影响，但是程度区分之后，实际上绝大部分的交通违法行为走的都是行政处罚，只是极少量的特别严重的行为，也是由于立法规定之后才纳入到刑罚评价之中。

这是国家在公共安全与处罚后果之间做了一个平衡。

而打着危及公共安全的旗号，不问青红皂白一律入刑，正是机械执法的体现。

看起来是在维护公正、公益，维护路人的安全，其实是不加区分地搞重刑主义。

不过，打着维护公共安全的旗号却是有一定号召力的，但这本质上只是一种贩卖焦虑的行为。

现代社会由于高速运转，风险增加了，这是社会必须要承受的。如果承受不了这个风险，退回到慢速时代，虽然可以降低风险，但是社会也就无从发展了。

有车就比没车事故要多，车多就会比车少事故要多，更不要说没有造成事故的违法行为，自然也是这个规律。

就比如车的动力大了，超速的可能性就增加了，而超速是交通事故的重要原因。但是单纯的超速，没有损害后果的，不是犯罪行为。只有那种追逐竞驶，而且情节恶劣的行为，才构成危险驾驶罪。同样是高速驾驶，追逐的方式引发事故的可能性必然比单纯超速高，而即使追逐的方式危险性更高，刑法中也还要再加上情节恶劣这一条才能入罪。可见法律在判定交通违法行为的入刑问题上是慎之又慎的。同时也可见，对公共安全的危害程度不是不能区分的，而是可以进行多层次区分的。

这种区分既体现了现代社会对风险的承受程度，也体现了社会治理的精细化程度。可以将风险行为的风险进行评估，根据风险等级确定处罚的性质和程度，这种刻度越细致，越能与行为的危害性进行精确化的匹配，就越能体现罪责罚以及罪责刑相适应原则。

虽然我们都知道在交通领域的违法行为，可能会造成很大的财产损失，甚至人身伤亡。

虽然这种损害的结果和风险要比一般的故意犯罪行为要大得多，但处罚却要轻得多。

就好比盗窃几千块钱就会构成犯罪，但是交通肇事致人重伤，甚至死亡都可能不够成交通肇事罪，更不要说单纯违法，而没有实际损害结果的交通违法行为，即使这个行为看起来会给行人造成很大的风险。

除了交通领域的风险接受程度问题，还有结果和风险的主观状态也是过失。

过失的责任程度要轻于故意，过失一般要根据结果来衡量责任，对没有结果的抽象危险犯，只有特别的法律规定才能入罪，比如危险驾驶行为。

你不能简单地将一个没有危害结果的交通违法行为的危险，进行无限放大。那样这个危险程度就变得没有边际，就难以区分是真正的危险还是主观的想象。

无证驾驶行为，也不是犯罪行为，虽然确实存在潜在的风险，但是潜在的风险并不能因为触及公共安全领域就一定入刑。

还要看什么样的公共安全，对公共安全的威胁程度。酒后就用酒精含量衡量，超速驾驶，就要看超速程度，有没有追逐行为及具体情节。

你不能脱离具体的行为来看安全和危险。脱离具体行为来谈危险就是只定性不定量的不加区分，是一种想当然的执法态度，是对风险社会的规则体系和罪刑法定基本原则的漠视。事实上，我们所讨论的案件，入刑的罪名也是使用虚假身份证件或者伪造身份证件罪，这两个罪名均不是危害公共安全类的罪名。

所谓的从严打击并不是一律入刑，而是应该区分违法性程度，进行恰如其分的处罚，该行政处罚就行政处罚，该入刑就入刑。

不能以主观好恶来决定是否入刑，不能用想象来代替具体行为的具体判断，不能不加区分地评价对公共安全的威胁。

即使像公共安全这样公众高度关切的领域，刑罚也不能因为个别人的焦虑而乱了方寸，必然要根据具体的法益，通过立法机关纳入刑事评价范围，再通过严格的司法程度进行处断。

不加区分的处理方式，尤其是混淆行政处罚和刑罚边界的处理方式，不仅是机械执法，甚至是非法治的。

那种打着保护路人的旗号，妄图用刑罚来斩断那些快递小哥或者大学生人生的人，不是真正的在意路人的安全，而是真的不在意别人的人生。因为路人的安全自有行政法来维护，犯不上一律动用刑罚，这种小题大做，随意拔高，只要涉及公共安全就可以上纲上线的思维方式，不是一般的机械执法，而是披着法治外衣的人治。

只有依据规则的理性冷静的区分，才能避免人治的随意冲动。

典不典的，还是要看内容

民法典已经审议通过，有人主张还要编纂统一刑法典。

那我们这几十年用的是什么呢？

事实上，现行《刑法》是 1979 年制定的。1997 年大修之后，改变了以往刑法、决定、单行刑法和附属刑法并存的局面，虽然没有叫"典"，但实际上完成了法典化。

虽然后续又出了一个单行《刑法》和十个修正案，但并不意味着否定刑法的法典化。

事实上，即使今天做了刑法典，也不能排除十年之后再出十个修正案，甚至单行刑法的可能。

因此，是否属于法典，并不是起名的问题，关键还是看内容。

说民法第一次法典化，是因为之前并没有一个总则分则同时存在的民事法律架构，而是分散在《民法通则》《民法总则》《合同法》《物权法》《婚姻法》《侵权责任法》之中。

这是第一次实现了一个完整的架构，所以才说它是法典化，这是法典化的本质。

而是刑法的法典化至迟在 1997 年就已经完成了，基本框架甚至可以追溯到 1979 年。

在法典化的道路上，我们确实走了一条先刑后民的道路，这主要是因为我们在秩序建构上选择了先公后私、自上而下的方向。

所谓法典主要是一个结构问题，而不是篇幅和容量问题。

如果说容量问题，即使不叫"法典"也可以增加内容。而刑法典篇幅再长，也不可能与民法典相比。所以并不是因为其厚度不够，就不是法典。

也不是当时立法者没有给加上"典"字，就失去了系统性和完整性。

因此，叫不叫法典，关键还是看内容。

内容不好，免不了过几年还要大修，比如对比较有争议的人格权编等内容，也可以拭目以待。

法典的真正要义就是提供了相对稳定的框架，比较方便地吸纳后续的修订。也就是框架要稳，内容免不了要修订的，因为社会要发展。

事实上，"刑法典"虽然制定得比较早，经过了一次大修，但是修正案主要都是在分则领域，对其结构并无决定性影响。

现在比较受关注的正当防卫和刑事责任能力等问题，只是对总则的内容性修订，也未触及结构。

事实上，即使需要对刑法解释等内容进行系统性吸收，那只要进行大修就可以了，也就是法典完善就行。

因此，刑法典只存在要不要大修的问题，并不存在有和无的问题。

所谓的编纂刑法典，只具有形式意义，并不具有实质意义。而且也是对老一辈立法者实质上编撰刑法典历史功绩的否定。

民法典也好，刑法典也好，也不是越厚越好，名字叫得越大越好，这不是应该追求的立法政绩观。

应该追求的是法律的实质，严谨、明确、切合社会需求、保障人民利益、符合法治发展的趋势。也就是说立法者应该多从"实"这个角度多下功夫，而不是多从"名"这个角度多下功夫，从而导致名实不符，实为名累。

形式固然重要，但形式是为内容服务的，就像建筑是为功能服务的一样。

再好看的建筑，如果不好住，甚至质量都存在问题，那也只是一个摆设。

刑法的内容虽然几经调整，可以说结构上经受住了历史的检验，1979 年《刑法》基本体现了罪刑法定原则的精神，1997 年《刑法》明确规定了罪刑法定原则，罪责刑相适应原则，废止类推原则，在后续的修订过程中逐步减少死刑条款，减少口袋罪，这都是历史性的进步。

1997 年《刑法》在废止类推原则之后，刑法实际上完成了一个闭环结构，这就导致新罪只能通过修正案的方式产生，这本身就是法典化的标志。后续的修正案并不是破坏结构的稳定，恰恰是证明结构的稳定。

刑法现在要做的是理念上进一步更新，与刑事诉讼法更加契合，可能需要系统性检修，但都不是结构性的颠覆。

在系统性检修之后就可以再次上路，是否加上"典"字并无所谓。

事实上，即使这次加上了"典"字，过了十年二十年，免不了还要进行大修。

刑法、民法这些大的部门法要面对的其实是社会发展变化不断加快，系统的法律规范，如何适应时代发展的问题。

那么法律条文的频繁修改可能就是免不了的问题，即使法典化也阻挡不了。

这看起来与法律的稳定性相悖，但却是时代加速发展的产物。

而社会发展越快，对法律变化的需求也就越大，对规则调整的承受力也就越强。

而另一个方面就是，以法典为代表的成文法体系，确实有着大船难掉头的问题，如此繁杂的规则体系，牵一发而动全身，但是不调整又不能适应社会的发展，所以这就不仅导致法律要跟着修改，还要更多的司法解释实际上代替很多法律的功能先行出台。

也就是司法解释法律化的问题。很多解释几乎就代行了法律修正案，因为它其实是在填补法律空白，已经缺少了可解释的法律依据。虽然这超越了司法解释的功能，甚至有僭越立法权的嫌疑，但是这也往往成为解决成文法滞后性的不得已之策。

越是法典化，其滞后性反而越强，因为条文之间系统的耦合性越强。需要司法解释救急的情况反而越多。

看起来系统了，但是由于规模庞大而显得更加笨拙了，法典化实际上在某种程度上放大了成文法的弊端。

在司法解释之外，现在的指导案例，某种意义上也在发挥填补规则的功能。现在指导案例的选取，越加喜欢建立、完善细节性规则的案例。不仅是强化法律的规定，最好是在法律规范模糊的地方有一个旗帜鲜明的价值判断，或者创造了一个处理模糊规范的具体方法，这些点滴的具体方法，通过大量的指导案例，其实也在发挥对规范的修补完善作用。

虽然，我们是成文法国家，但是我们对判例越来越需要。这也是《刑事审判参考》那么有市场的原因，虽然它并不是两高的指导性案例，但在实践中已经发挥了某种意义上的判例法作用，很多规则不明，或者有冲突的地方，法律人都喜欢在这个案例库中找，看看有没有先例可循。这不就是判例法吗？而遵循先例就是判例法的精神。

现在两高在不断强化指导案例的功能，包括疫情期间发布的这些案例，其实都是在发挥这样的功能。

案例的好处不仅在于灵活、及时，最重要的是它拥有了规则适用和创制的语境。它有着独特的案情，这些规则来自于对这些具体案情的判断，因此也更加鲜活、生动而具体。虽然每个案例都不一样，但是这种有背景的规则，往往在使用上要比没有背景的抽象规则要好用。这就是所谓的示范作用。

这个示范作用，不管它是否是规则承认的判例，或者规则创制，它实际上都发挥了对法律规则滞后性的填补功能。

等法律修改来不及啊，等司法解释都来不及，那只有案例先上了。千百个这样的案例，不管它们有没有名分，都在发挥着这样的作用，这才是真实的法律。

这比高高在上的所谓法典，要更加真实、有效和实际。

而正是法典化的高大上之态，毋庸质疑，轻易不能修改的姿态，才越加催生了没名没分的案例制度，它们实际上干了很多法典应该干，但是干不了的活儿。

所以，我们在崇拜法典的同时，要保持头脑清醒，更加注重法律的实质功能。法律从来不是抽象的哲学，它必须高度关注实用性，不应过多地追求虚名，而不食人间烟火，要注重问题的解决，否则最后被架空而不自知。

好用的，用得上的法律才是好的法律，典不典的，其实无所谓了。

刑档也下不去，你说的什么人生还有用吗？

之前，一个基层检察官在食堂突然向我发问，说我有一个案子，认罪认罚也不能降档，只能判十年，你说你办的不是案子，而是别人的人生，这不也没用吗？

当时我一时语塞，真不知如何回答。

但是这一问，让我久久难以忘怀，这里边实际上有着多重的问题值得探讨。

1.

我们知道有很多法律现实是我们改变不了的，那是否意味着我们就应该无所作为，就只能无所作为？

没有法定减轻情节，即使认罪认罚，态度再好也不能降低刑档，这样说来，卡在刑档上的这种认罪认罚好像就没用了，认不认都是十年。这是目前认罪认罚制度的尴尬现状。

这是我们普通人解决不了的。

但是应该认识到，这个现象也不是正常的，是需要改变和可以改变的。这其实是司法制度中，程序性制度与实体性制度不能及时衔接的产物。

之前在两高三部意见的出台过程中，也曾经讨论过，认罪认罚是否要作为一个独立的情节，并给予减档的权利，但考虑到这需要实体法的明确规定而作罢。

这实际上就意味着，刑法已经到了需要修改的时候，需要及时予以配套。

就在认罪认罚制度在刑事诉讼法中确立的时候，立法机关就应该同步考虑实体法的问题。但是当时没有及时予以考虑。这种情况也不是只有认罪认罚一个问题。

比如，刑法规定的单位犯罪，到现在刑事诉讼法也没有程序法依据。

刑法和刑事诉讼法好像两个陌生人，谁也不管谁似的。

即使在学术领域，两个学科之间也呈现泾渭分明、井水不犯河水的状态，各自讨论各自领域的问题，很少站在刑事一体化的角度进行一体化的讨论，一体化地研究刑事实体法和程序法的问题。这是目前的缺憾，并直接影响到立法领域，这是一个需要改进和破解的问题。

作为检察官，我们虽然没有权力改变这种现状。但是作为法律人，我们应该认识到这种现状的不合理性，并应该提出我们的建议。而不是甩一句"我又能怎么办"了之。

事实上，在现有法律框架下，真的完全没有破解之道吗？

也不是，至少还有法定刑以下量刑层报核准制度。

这是程序法考虑到实体法规定的不周延性，特意设计的确保罪责刑相适应的制度。也就是当你认为，根据案件具体的情况，这个刑档设置已经不尽合理，无法体现从宽的时候，你可以在没有实体法减轻情节的情况下进行减轻处罚，只不过需要层报最高法院核准而已。这也是一个解决方案。

只不过这个方案，烦琐费力一些，很多法官也不愿意走这个程序，实践中用得很少。这也是为什么会有量刑反制定罪的现象出现，为了降低量刑，不得已找一个牵强一点的轻罪适用。这其实也是为了解决实际的罪责刑相适应问题，但只是规避了烦琐的层报程序。

也就是现实的法律制度也不是完全没有解决方案的。

你的努力还是可以有所改变，而不是完全无所作为。

但是你在抱怨的时候，是否认识到了还有这种制度安排，以及愿意走这种制度安排？

2.

你办的不是案子，而是别人的人生。这不是一句轻松的话，它是一份沉甸甸的责任。

很多时候，也不是轻而易举就能够实现的。

在办案的时候就需要考虑得更深、更细一些，当然也会更累一些。

你可能会说，我案子太多，我不想太累，我没有太多的追求。

但是至少你要考虑，你的行为对别人的人生可能造成的影响，基于这种认识之后你再去看案件要怎么处理，会不会让你的想法有什么不同？

我之前说的快递小哥的案子，其实是成百上千件的，这些案件不复杂。但正是很多司法官只是把它当作案子，机械地往前推进，才会让那么多只是用假证加油的快递小哥背负了刑罚，对他们的一生产生影响。刑罚具有很强的污名性，考虑到他们以后要走的人生路，娶妻、生子，对他子女终生的影响，对父母家人产生的影响，难道我们就没有任何负罪感吗？

还要把法律制度上的一些障碍当作否定人性司法观的理由，这样应该吗？

法律制度的不完善是客观存在的，但这种不完善需要改变，我们至少可以呼吁和建议。实际上，立法者已经认识到法律制度的不完善之处，早就设定了一些解决的路径，只是稍有烦琐，我们就不愿意走吗？

这个时候你否定的人性司法观，其实只是将怕麻烦置于别人的人生之上。不是不想考虑别人的人生，只是不想自己太麻烦。

也就是说，只有在自己不麻烦的时候，才去考虑别人的人生，只要麻烦一点，那就对不起了，你的人生不能给我增加任何的负担？这还叫什么人性司法观？！

而且所谓法律制度的障碍也不是时时处处都存在的，更多的案件并没有法律障碍，也就是说很多时候我们做人性化考量也不麻烦。

如果说只是因为部分案件有法律障碍，就否定全部案件的人性司法理念，这不是因噎废食吗？

但是只要人性司法观在实践中碰到障碍的时候，就有人跳起来说，你看这个不好用吧，我就说没用吧？

其实在你的心底，对人性司法观一直是排斥的，而且用功利主义的眼光来看，它很多时候可能也没有什么用。

但是我想说的是，这可能是对司法功能的一种误解。

3.

人性司法观除了从宽处罚和不起诉，会给当事人带来实实在在的影响之外，其实还有一些无用之用，我们没有看到。

就像前面提到的十年刑罚的案子，其实是有解的，只是你不愿意去做。

但还有些案件可能真是无解的，比如罪刑极其严重的命案，再怎么着也减不下去，但是被告人都是想保命的。那又怎么办？

我有一个抢劫案，两条人命在身，我明确和上诉人说，可能难逃一死了。你争取一个好的态度，可能还会有一线希望，但是希望不大。不过我可以保证的是，我可以帮你把犯罪源头打掉，他表示愿意，和我说了大量微信群赌博的情况，我们也将线索转了出去。

我在法庭上坦然承认，检察官在这个案件上破费思量，左右权衡。一方面认罪的态度不可谓不好，自始认罪，有一起事实，还是自己坦白的，同时还配合司法机关打击犯罪源头，我们已经把线索移送给侦查机关。但另一方面，两条人命在身，我国是一个有死刑的国家，不判死刑，公众也很难认同。虽然上诉人这个认罪的态度可能无法改变死刑的结局，但是我想说，这不是没有意义的。一是对被害人的家属是巨大的心理抚慰，尤其是其坦白的那一起，如果他不说，不知道什么时候可以真相大白；二是上诉人作为一个父亲，虽然犯了很大的罪，做了错事，在最后还是做了一个榜样，至少他还是一个敢作敢当的人；三是对他自己来说，走向最后时刻的时候，我想他的内心也是平静的。我想说这些不是虚无缥缈的，而是实实在在的。

上诉人当庭痛哭流涕，他说希望法庭能给他一个机会，但是如果仍然判他死刑，他也认。他还说，他希望把遗体捐献给国家。

我的书记员跟我说，这个案子第一次二审，别的检察官出庭的时候，也是她跟着的，但那个时候上诉人非常冷漠。

我看到了善意的影响。

认罪认罚也好，你办的不是案子，而是别人的人生也好，其实都在释放一种善意。

这份善意虽然不能改变最终的结局，比如还是要判处死刑，但并不是没有意义，它能够激发出尚未泯灭的良知。这份微光不仅能够照亮他们自己，也可以照亮其他人，包括被害人家属、社会公众，甚至法警。

我记得，当那个上诉人说完这番话，在法庭执庭的法警看他的眼神都不一样了，这种不一样也会让他最后的时光轻松一些吧。

某种意义上，他自己也得到了解脱。

所以，其实不是从不从宽那么简单，这些精神的价值也是非常有意义的。

而且坦然告知他现实的困难，也容易得到当事人的理解。比如中国的死刑制度和死刑政策，让他知道免除死刑的希望是渺茫的，我直接告诉他这份渺茫，让他不要有不切实际的幻想。

我把自己的内心纠结，左右权衡，在法庭上坦然呈现，也让他知道，我考虑过了，不是没有考虑，只是刑事政策的现实没法改变，这也容易得到他的理解，也让他能够感受到这份善意。

最后，我再把心理层面和道德层面的价值摆出来，让他看到自己最后努力的价值，让他看到善意的意义，他才会更加坚定。

而如果还没有努力，就先失去了信心。除了从宽以外，我们自己都看不到司法善意的价值，那又怎么能让当事人感受到司法善意的价值？

这涉及法律的终极价值，不仅仅是刑罚的轻重，还有价值观的引导，或者说是法的精神。这关乎法律的信仰。

如果我们自己对法律都没有信仰，当事人又如何信仰法律？

如果我们认为认罪认罚只有从宽才有用，不从宽就没有用，而且也这么告诉当事人，那他们又如何能够认识到忏悔、抚慰、敢作敢当、坦然面对的真正价值？

甚至是他们认识到了，但是我们没有认识到，还给别人耽误了。更有甚者，明明知道这份价值，但就是不希望给当事人忏悔的机会，在法律审判之后，还要来一场道德审判。

还有读者问过我，虽然自己拿了正确的意见，但是领导不认可，改变不了最后的决定怎么办？

我说你尽力说服了没有？你穷尽了所有的努力了没有？

当你尽力了，至少你是问心无愧的。

虽然，我们作为普通人很多事都决定不了，但是在我们有限的能力范围内，我们尽了最大的努力，就够了。

虽然不少事是我们改变不了的，但是我们还是可以改变一些事的。改变我们的执法观念，多考虑一些，不要怕麻烦，其实很多事就可以做得更好。

永远要记得，我们办的不是案子，而是别人的人生，是公众的价值观，是国民对法治的期待。

而且我们办的案子，还会成为改变世界的支点。不仅是通过诉讼监督线索，规范司法行为；通过检察建议，完善社会治理体系；也可以通过善意激发善意，激发那些尚未泯灭的良知，从而传递善意。这实际上也是一个重塑价值观的过程。

正因此，人性司法观念才显得极为重要，它绝不仅仅是功利主义的考量，它的更大价值正是体现在它的无用之用之中。它是我们值得为之奋斗的司法理想，绝不能轻言放弃。

论 平 庸

平庸这个词，我平时思考得很少，但是在危机到来的时候却有刻骨铭心的记忆和无法摆脱的愤懑。最重要的是当我们理性反思之后发现，这其实是我们最应该警惕的地方，因为它在平日里最容易掩饰和躲藏，在忙碌当中最容易遗忘，但破坏力却是毁灭性的，而且可能一再发生。

平庸并不是平凡的同义词，它有一丝不容易察觉的贬义。当我们说一个人平凡的时候，只是强调他的普通，当我们说一个人平庸的时候，却总是感觉不太好听，总是让人有一种鄙陋的感觉，好像是在骂人。

一个普通的人没有干出经天纬地的事业，但是也没有伤害过谁，我们会称之为平凡。但是不仅没有干出事业，还可能会饮酒误事，办事不靠谱，那才是平庸。平庸是平凡之下的概念，是因为其有可能损害别人的利益，而对整体利益有害的人格特征。只是由于其表现方式往往是不作为而不容易察觉。正因此，我们才又格外关注它的恶害，从而避免这种恶害。

平庸不仅仅是因为自己的能力不足，无法完成自己的任务，而且还因为自己的责任心不够，而不思改进，一而再再而三地影响整体的工作。这种影响在日常并不突出，而且由于风险不紧急而很容易为人所弥补或者掩盖，总之可能不容易出大事。但是在关键时刻，这种责任心的缺位是无法弥补的。尤其他处于关键岗位，需要履行关键职责，别人都指望他的时候，那就要出大问题。这种平庸表现为无知而又盲目的自信，不尊重科学的规律，目光短浅，缺少统筹规划，分不清轻重缓急，态度马虎大意、得过且过、犹犹豫豫，只维上不维实，工作流于表面、不扎实不严谨，等等。这些所有的表现都因为危机而放大，因为其所处岗位的关键程度而放大。这就是平庸之恶。

但是更为根本的是，没有从早期就发现这种平庸之恶，反而使其成为社会网络节点的制度机制。这又是制度的平庸之恶。我们没有发现这些人的平庸，反而让他们有机会放大他们的平庸，在关键的时刻就要危及我们的整体利益。这是我们最应该反思的地方。

事实上，平庸的本质是荣誉感缺失的体现，一个真正有荣誉感的人不会甘于平庸，会发自内心地追求卓越。一个依据荣誉感构建的激励体系也会激发人们内心的荣誉感，选拔出追求卓越的人格，并通过竞争让平庸之辈淘汰出局。而如果相反，则将是平庸之辈上位，有荣誉感的人淘汰出局，必将产生劣币驱逐良币的效果。

平庸之恶的根不是埋在人性的土壤里，而是埋在制度的缝隙当中，是制度放大了人性之恶。

这种恶害随着社会结成的网络，对他人施加着影响，随着平庸之人占据社会节点中心度的提高，而成放大之势。

我们不仅要分析平庸之恶的表现，更重要的是探寻制度缝隙的根源，寻找社会网络的编织逻辑。

制度和人一样都会进化，而且是一种协同进化的效应。人进化到一定程度才结成社会，社会发展达到一定的稳定程度就会形成制度。制度的进化从本质上说就是人类在整体上的进化，是人与人之间结合关系的进化，是人的进化的稳定形式。它不同于个人进化的随机性和偶然性，它可以通过语言、文化和法律所继承，它受个体影响，最后又影响个体。相比个人的进化，制度的进化更带有根本性。

因此，要想最大限度地消除平庸之恶的危害，最应该解决的是生成平庸之恶的制度根源，从社会的底层算法上去恶扬善。这种制度的优化过程，就是制度的进化之路。

第五章

即席的表达

有人说，脱稿出庭是不负责任的，我却认为这是更加负责的表现，是庭审实质化的真正需要，是充分落实司法亲历性的体现。

只有能够说出来的东西才是你的，而那个能够被说出来的认知是你亲历形成的，才是你的意见，观众可以感受到这份真诚。通过与观众的眼神交流，你还可以传达语言所无法传达的信息，并从观众的眼神中确认传达的效果，并感受他们的期待，因此这是一个交互的过程。

即席表达是从听的角度，对表达进行的供给侧改革，是不满足于仅仅"被听到"，而是追求"听进去"，对观众产生实质的影响，也就是真正产生说服力。

庭审的实质化，就是让说服力能够发挥作用，而不是说什么也没用。

不止于庭审，说服是所有法律人的终身职业。即使是观念传播、知识传导，我们也希望受众能够更多地真正接受，而即席表达可以让传播更有效率。

而为了让传播更有效，我们也会倒逼自己，让自己更有料。也就是加速知识的系统化。无论是办案精细化、实质化，还是知识体系的系统化，都是法律人自身进化加速的产物。

一个能够侃侃而谈的人，绝不仅仅是口才好，这体现的是不同的认知方式、思维方式和进化速度，而且还会随着时间的关系产生累加效应。这才是真正可怕的地方。

即席表达不是别的，它是一种新的进化法则，让你成为不同的司法物种。

口语化的优越性

要想了解口语化的意义，就要先从大家不愿意听别人念稿子说起。

为什么一念稿子就容易让别人打瞌睡呢？为什么大家那么喜欢看脱口秀、访谈节目、跨年演讲，包括新闻节目？我们甚至都希望主持人能以说的方式表达，这是为什么呢？

这是因为，我们会觉得这样更真实，更贴近生活，更容易让我们接受。这是口语与书面语的重要区别。

写在书面上的东西，即使文采很好，读起来也都会显得做作、生硬。我们平时聊天一定不会这样表达。

而口语化实际上包含有一种现场感的语气，它是与声调、节奏、重音、情感、眼神、肢体动作等相互配合形成的。它显得更加灵动具体，它是立体的语言。你可以说它是三维的，甚至四维的语言，它是流动的，与现场紧密结合的。

相比于此，书面语只是二维化的语言，它是提前准备好的，是对现场情景事先假定的一种表达方式。但是对现场事先的假定，经常与真实的现场不一致。而且真实的现场还是一个不断变化的过程，大家的注意力和现场的微观环境是经常变化的，而且还会不断有其他表达者的信息介入进来，不断地改变现场的语境。书面语的静态假设既无法完全预设，也无法动态调整。因此，以往出庭所谓的三纲一词越是在激烈的庭审中，就越会显得尴尬。虽然写得挺多挺全，但是总是感觉和现场的关系没有那么紧密。没有对现场进行有针对性的呼应，没有与现场语境的高度契合。因为你准备得再充分，也很难预见到庭审的瞬息万变。

如果一直坚持这种既定套路，就会显得僵硬、死板，甚至稚嫩。

如果辩护人这个时候能够侃侃而谈，不需要很多，只需三五句话，你的气场就会瞬间弱爆。

越是庭审实质化，出庭的效果对案件的实际走向的影响就会越大，因此语言的说服力，就不仅是是否出彩的问题，而直接讲关乎案件的质量。

这就是语言表达的重要价值，不仅是庭审、面试、竞聘、谈判、讲课，等等，语言也是非常关键性的要素。

那么口语化的表达为什么如此重要？它所带来的说服力来自何处？

1. 真诚性

口语表达会显得更加真诚。它不是固定模式，它是根据现场、针对特定表达对象的特定阐述方式，无法复制。聊天就很难复制，即使说的是同一个事，也不可能完全一样。它是一种完全定制化的表达方式，这就显得很用心。

口语表达与念稿子的重要差别，首先是说话的人一定是抬起头来的，与受众有着眼神交流的。而眼神是很难掩饰真实情绪的。当眼神展露出来之后，情绪、情感也会随之而来，包括不由自主的肢体语言，以及微表情。这也都因为你抬起头来，脱口而出，而变得如此生动和真实。

这就很容易让人感觉你的话语是发自内心的，所以你才会表述得如此鲜活。

因为如果你不够确信的话，就不会如此坚定，你只要有一丝犹豫，它都会从你的微停顿中显露出来。

你用口语化的表达就是在把这么多可以识别的信号交给对方来识别，从而体现出你的一片赤诚，你实实在在把自己的心交给对方检验。只要你能够通过检验，你的信服力就会大增。

而念稿子就像带个面具在说话，没有眼神交流，观众也不知道这些内容到底是不是你的真实想法，跟现场不能完全融到一块儿去，关联性无法充分体现。有些跑题的内容以及生硬做作的表述自然使人提不起兴致，再加上缺少眼神的交流，观众溜不溜号也没人监督，甚至你都觉察不到。所以你卖力地念了很长时间，都不知道在座的听众早已神游别处了。

这时你表达的信息再多也没用，反而成为别人的负累。时间长了，观众还会厌烦，期盼早点结束。当然这些你都不能及时看到，因为你在埋头念稿。

2. 信服力

这种表达的说服力可想而知。所以在表达的问题上，不能从表达者自己的角度出发，而要从接受者的角度出发，即席表达其实是一种表达方式的供给侧改革。

你念了十个点，别人只听进去了一个点。人家脱口说了五个点，结果全被听进去了。哪个效率更高？

口语化具有立体性，是多媒介、全方位的，这是与书面化完全不同的。看起来表达的内容很简单，但是因为有冲击力和真诚性，更容易为人所接受。而且流畅性的表达能够自然地形成画面感，使人们展开集体想象。

你可以想象原始社会，围着篝火讲故事的情景。正是这些集体的想象力成为了智人统治世界的原因，他们正是通过一个又一个想象的观念而结成社会。而且口语化、叙述性特别流畅的语流，可以帮助人们即刻走入一个想象的世界，共同想象一个你期望大家相信的画面、观念或者事实。

这些流畅度极高的话语本身就自带公信力。因为这是不假思索就表达出来的大量信息，让人感觉这一定是真实发生的。因为说谎往往会有意识地对信息进行处理，那些处理往往会造成迟疑和犹豫，而且眼神同时也是躲避和闪烁的。

而且撒谎的人往往会回避细节，因为他会害怕因考虑不周而把细节说错了。

而你敢于将大量的细节串联起来,这本身就表明了你的信服力。再加上你能够游刃有余地驾驭事实和法律观点,可以自如地与现场联系和呼应,无须翻阅任何资料,始终报以从容的微笑,从另一个角度也证明你是胸有成竹的,这种自信心也能够产生说服力。

如果你自己的论证都极为牵强,而你的表达方式又总是躲在稿子后面,那怎么能够让人相信你对这个案件是经过充分审查,并且是信心满满的呢? 如果你对自己都没有信心,你又怎么能指望别人信任你?

3. 不确定性

之所以人们更愿意听口语化的表达,不是因为内容更精彩,而是因为口语表达给你一种看直播的感觉。它有一种不确定性,你不确定他下一句会说什么。尤其是你已经被他带入了那个想象世界的时候,你很期望故事情节的继续发展,甚至会忘记时间的流逝。

可以说这是一种集体心流状态。

如果当时时间凝固的化,你会看到一个一个嘴巴张开的表情痴痴地看着你,生怕漏掉了任何一个细节。

所以律师经常声称说五分钟,最后说了二十分钟,说半个小时的都有,但是大家都没有感觉出来,因为大家跟着陷了进去。

这就构成了沉浸式的体验。

这种沉浸式的体验要比念稿子的心不在焉不知强多少倍。

即使你们最后都要将书面的出庭意见提交给法官,尽职的法官也都会完整地阅读,但是他脑中还是萦绕着法庭上的那些让他沉浸其中的观点。

庭审实质化也要求法官根据庭审的这些感受形成自由心证。而口语化所带来心流式表述必然将会发挥更大的实质影响力。

听到了和听进去了,是完全不同的两个概念。

4.现场感

口语化还有一个重要的特点就是现场感。因为它没有程式化的稿子，它是由一系列弹性的意识构成的，随时会因现场介入的信息发生变化。这种口语化的精神意识在表达出来之前始终处于未定型状态。

这种未定型就构成了现场感，它就是因现场而生的，这些表达是在现场现生成的，它天然地带有现场其他信息要素的基因，并与它们高度兼容。

与念稿子不同的是，口语表达必然是耳目全开的。它不仅通过叙述性让观众进入心流，它也通过听觉、视觉不间断地使表达者自身沉浸在庭审这个现场之中，并通过各种感官与外界的信息进行交互反应，不断确认观众的状态，捕捉微表情，体会现场的扰动，并通过眼神传达自己的情感，也接受别人通过眼神传达来的情感信息。

口语化表达让你成为开启全方位雷达的战斗机，这时候念稿子的表达者只是一个低头走路的人，又怎能指望他获得现场的信息？这时候他的感官只是用来识别纸张上的打印字体，避免因为念错行而发生尴尬。而且由于很少抬头，自然无法与现场形成互动，也不要指望他融入现场之中。

他全神贯注地把自己封闭起来，成为一个信息的孤岛。

在观众的眼中，他也是孤独的，以至于观众都极力想忽视他的存在，从而避免彼此的尴尬。

5.创造性

全神贯注的口语化表达是进入心流状态的一种方式，让自己完全沉浸其中。

我们自身可以很投入，但是观众的注意力很难长时间维持。当观众出神，或者一开始就没有入神的时候，对表达者将构成一种相当大的压力。

念稿子通过封闭自己的方式实现了一种逃离。但是即席表达是逃不掉的。

这构成了一种压力，避免尴尬的压力。

为此，你必须准备得更加充分，不仅要足以能够应对现场的对抗，还要能够应对观众的注意力流失。

你会特别注意语言的概括性，尽量避免冗余的表述，表达方式更为减省。更要抓住重点，抓住现场的特殊情况，也就是庭审的焦点。因为这也是观众的焦点，观众所最为关心之处，必应成为你表达的重点所在。从结构化来说，你的表达也会更有针对性。

这些精简、概括、有针对性以及对特别性的强调，也往往促成了特别性的表达。会说得和以往不太一样，和一般的说法不完全一样。这没有一个通用性的表达方式，你要绞尽脑汁创造一种刚刚好符合现场的表达方式。

现场即席表达之所以能够金句频出，正是因为这个道理。其实这个金句放到别的场合不一定是金句，但是就在这个场合就刚好合适，这就显得很妙。

从生物学意义上讲，它是脑神经元突触在适当压力下的意外链接，原来没链接过的现在链接上来了，就迸发出了火花，好像神来之笔，这就是创造性，很多理论发现和文学创作也有类似的规律。

当然这些创造性也正是即席表达所不期而遇的惊喜，这也是它如此吸引人的地方之一。

即席表达虽然有很多的优点，但是由于它的不易驾驭性，很多时候让我们望而生畏。逃入稿子的孤岛当然是比较容易的选择，但是想在日益激烈的竞争中胜出，我们不得不对即席表达这种有一定优势性的表达方式予以充分的关注。它将成为现代人的一种更强的生存技能和思维方式。

眼神的秘密

有人会说，说话主要是用嘴，眼神有这么重要吗？

其实眼神是极为重要的，这是低头的人所无法想象的，这也是即席表达的秘密武器。

看一眼，就成秘密武器啦？

还真是。

1.

人在交往中有一个细节，就是别人说话看着你的时候，你也会看着别人。这是一个基本的礼节。如果别人说话的时候，你看着别的地方，比如低头看手机，不仅是一种极度不礼貌的行为，而且也表达了一种轻蔑的态度。

想象一下，你和前边的人说话，他头也不回的样子，这叫对着后脑勺说话。顿时火就来了，就容易引发冲突。

当然盯着陌生人看时间太长也不行，也是一种冒犯，就变成了"你瞅啥"。这是因为你们彼此并不熟悉，你们之间没有发生交往行为。

而和你说话，是一种典型的交往行为，需要对等的反馈才能体现一种友好的姿态。注目是一种最低限度的要求。

因为如果你老不搭理别人的话，也就没人搭理你了，这是人的社会属性决定的。

而所谓搭理的最低水平也得是看着别人。说话的人看着你，表明是对你说的，而你回看他表明你在听，你的眼神会流露出你对他的话的态度，对方也正是通过你的眼神确信自己的话被接收到，被听进去了，以及是否被认可。有时候你是通过说话的方式反馈，有时只是默默地点点头，眨眨眼睛，也都是信息反馈的方式。这样才会形成一次完整的交流，然后通过不断的相互反馈将交流继续下去。

对众人说话也一样的，只要有一个人没在听，你肯定可以看得见。这个现象老师是最有体会的。

观众听讲的程度，不可能像一对一那样观察得那么清楚。但是最认真的人，你也会看得出来，他们的眼神更集中，他们点头的频率更高，他们会不停地以微表情和肢体语言向你反馈，他眼神中流露的认同和期待，你会看得很清楚。

而其他处于中间状态的人，你只是会用到很少的一部分注意力进行关注，只要能判断出来他们在看着你，也在听就行了。

即使你关注不到每个人的目光，但是却可以感受到每一个人的目光。只要有一个人目光收回，或者他在做影响注意力的事情，你都会第一时间感受到。

然后你就会看着他，看看他到底在干什么。而当你看他的时候，他也会感受到，也会下意识地回看你，好像受到了老师的监督。

2.

是的，目光有一种监督作用。我们习惯上有一种说法就是，有一双眼睛看着我。这个既是心理作用，也是真实的存在。

上学的时候，我们都会被要求注意听讲。怎么叫注意听讲？就是老师讲的时候，你要看着他。你要不看他，就证明你溜号了。或者即使你看着他，但是你想别的事，老师也看得出来。老师又怎么能知道我们的心思呢？因为你的眼睛出卖了你，你的脑袋里到底想什么可能是无法知道的，但是你的眼神没有表达出即时的反馈和关注，这是一目了然的。而老师一定会批评你。当然也主要是为了你好，保证学习的效率，同时也保证老师讲课的效率。

这就构成了一种规训，我们从小就被教育在别人说话的时候要注意听，其实就是保持注目。这已经成为了一种社会规范和心理条件反射。因此，当表达者在说话的时候，我们就会自觉地注意听。

你们的目光对视是对这种注意行为的确认，只要你们的目光没有相遇，表达者就会感觉到被些许冒犯。当他向你投来更多注意力的时候，你也感觉到自己好像犯错了，有一种愧疚感，就好像有人在敲打你，说你溜号了一样，让你赶快把目光对回来。

但是如果表达者低着头，就等于放弃了目光的监督作用，而观众也好像解除了关注义务。既然你没有看着他，又怎么能够要求他看着你？而且他看不看着你，你也不知道啊，所以观众的注意力就呈现了一种比较放松的状态。主要是依靠耳朵来获取信息。

3.

由于你低着头，就失去了眼神这样一个重要的通讯渠道，信息的强度、丰富性也都降低了。所以观众也没有必要投入过多的注意力，看一个念稿子的人又能看到什么呢？

这个时候多余的注意力就会投入到手机、书籍、窃窃私语，或者冥想之中。这些成为注意力的新领域。一旦发现这些更有趣，注意力的重心立刻就会发生转移。因为视觉的注意力往往要强于听觉。这就会造成左耳进右耳出的效果。

这边念得很投入，那边的心思不知道干什么去了。

主要的原因就是缺少眼神的确认。

是眼神将表达者与观众链接在一起的。

而且眼神还可以传达语言所无法表达的信息，也就是你的心中所想。

语言只能表达意识的一部分信息。我们经常说，妙不可言、不可名状，说的就是这个意思。语言文字是对人类思维的符号化、类型化，能够表达很多内容，但是仍然具有很强的局限性。最简单的，比如画面就很难描述，情绪也很难表达。但是眼神给了一个更为直接的意识表达通道。所以我们会说"眼睛会说话"，说的就是这个道理。

语言表达的同时，再借助了会说话的眼睛，所传达信息的丰富性和精妙性就会提高一个层次。

这也是我们爱听即席发言的原因，因为你获取的信息远远不止语言本身。那些潜移默化的交流，虽然说不清道不明，但是就是感觉很有意思。

而且这种视觉传达是双向的。表达者也会看到观众的眼神，虽然不可能看清每个人的眼神，但一定会看清几双最为瞩目的眼神，他们由于听得最认真，给你的反馈也最积极，信息量自然也最大。与他们的眼神交互，将完善你心中的想法，而你心中的想法又会通过重新组织的语言和新的眼神交付出来。实际上，你是在与观众进行共同创作，这就是即兴创作。

因此，没有观众的话，就无所谓即兴创作，即兴创作是一种互动的过程。这个互动过程，在讲课的时候只能由眼神完成。因为你在讲话的时候，别人不能讲话，语言在现场不具有即时的沟通性，因为语言容易产生相互干扰。而眼神不会，眼神是无声的，是静默的，可以在语言表达的同时展开沟通，并且对听觉系统毫无干扰，一切都在潜移默化中进行。

眼神是一个只帮忙不添乱的绝佳信息交互渠道。

这么好的东西，怎么很多人都不知道用呢？因为太难了。这需要对信息内容的全面掌握，使它们完全融入脑际，而且还能自由调用，还要有流畅的语言组织能力，这样才能将眼睛解放出来。

如果说念稿子的准备是1，那脱稿的准备可能100，所以想解放眼睛哪有那么容易。

稿子可以让别人写，但是脑子里的东西别人是帮不了的。当然这也是别人愿意听即席表达的另一个原因，因为一旦脱稿，就说明那真的是你的想法。这也是很多人特别在意领导脱稿时说的话的原因，因为这是他的真实意思表示。很多人也以脱稿讲话的水平来衡量一个人的真正水平，也是这个道理。包括汇报的时候，很多领导也不喜欢别人看稿，告诉你，说就行了，不要看稿，他其实也是检验你的真实水平。

4.

对于汇报这种交流方式，直接的瞩目就可以了。但是在多人，尤其是人数特别多的时候，还有一个目光焦点如何安放的问题。刚才说到了，现场总会有对你更感兴趣，更关注你的人，把焦点放到他们那里自然是一个好的选择，也可以获得很多有用的、积极的反馈。

但是不要忘了，你毕竟不是只给他们几个人讲课，如果你只看他们，不看别人，别人就会被忽视，时间长了还会感觉被冒犯，这样也就失去注意力了。而且最重要的是，一旦失去了注意力，还会引发一些干扰行为，比如交头接耳、打电话、随意走动，有的还会搞得声音很大，引起别人侧目。这就会扰乱你正在努力营造的集体心流状态，如果不及时关注这种状况，就会引发注意力流失的雪崩，最后大家都走了神，从而陷入一种尴尬的状态，进而影响你的表达情绪和质量。

而你的表达情绪和表达质量的下降会进一步引发注意力的流失，这就构成了一个恶性循环。

所以有经验的即席表达者会在相对固定焦点的同时，对全场适当进行巡视，看看其他人都在干吗，当你的眼光巡视过来之后，很多人都会出于礼貌而加强注意力。即使那些极端的个例还不收手，但他们总归会看一眼，传达出看我干吗的挑衅态度，同时表达出我不感兴趣、我不认同的情绪。

如果这样的人比较少还好，如果数量占到一定比例，就真的说明可能是你的表达内容和方式有问题。这个时候你就要适当调整一下表述方式。比如抛出些案例，赶快进入下一个板块，等等。

这个时候再去巡视，你就会看见观众的变化，如果有所改善那就意味着成功了。

但是即使仍然不成功，你也不能放弃，而是要按照既定的框架讲完，同时也不要过多地调整内容结构。因为内容的结构往往是深思熟虑的结果，现场的改变在策略上是可以的，但是一旦动结构反而会影响整体的质量。

这个时候就要进行意志比拼，只要咬牙讲下去，保证内容完整，过一段时间，人们的注意力慢慢还是会跟上来。毕竟有眼神帮助下的即席表达有着强大和丰富的信息输出，而且持续流畅的输出容易帮助观众再次进入心流状态。

只要你自己不慌神，其实没有人看得出来。毕竟有社会的基本规范在，对表达者的基本尊重还是有的。而且你作为一个即席表达者，本身就是稀有物种，大家还有一种好奇心，想看看你肚子里是不是真有东西，还只是装装样子。一旦经过一定时间的考验，证明了你是有备而来的，肚子里真的有料的话，大家对这样丰富的内容输出方式，总体还是抱有兴趣和期待的。

这些种种就是眼神的作用，很重要，其实并不神秘，但是只有那些准备得更充分的头脑才能将它们解放出来。

而一旦解放它们就像双手一样，绝不仅仅是多了一项工具，它将彻底改变你的表达方式和思维能力，从此你将变得更加丰富多彩。

情绪控制

前面讲了即席表达的很多好处，现在要讲讲它的坏处。

它最大的坏处就是脆弱性，念稿子一般是不会崩盘的，即使心情不那么好，毕竟也有一个稿子所依凭，顶多就是念得磕巴一点，总是能念完的。

但是即席表达不一样，它是真的有可能崩盘的：忘词了，脑子一片空白了，情绪糟糕陷入思维混乱了，都是有可能的。

比如有些老师被学生气得讲不下去课了，这都是有可能的。

所以不能觉得即席表达好，就以为它什么都好，它是一种非常脆弱的表达形式。

即使精神稍稍有点溜号，注意力不集中，就有可能词不达意，就会引起台下的哄笑。

因为你始终在与台下互动，观众是敏感的，他们中既有善意的鼓励和肯定，也会有挑剔和讥讽。尤其是你用即席发言的形式本身，观众就会用一种怀疑的眼光审视着你，所以你一旦出错就会印证他们的判断，他们会觉得你也不过如此吧，以此证明他们是对的。

当然这也说明他们的期望比较高，期望越高自然就越容易失望。

他们对念稿本身一般不会有太高太多的期待，精神也就不那么集中，所以出不出错他们都不会给予太多的关注。

而且稿子毕竟是提前酝酿好的，虽然与现场的关联度不紧密，但是大体的逻辑是不会有什么问题的，语言不可能有严重的不妥当。

虽然听起来厌烦，打不起精神，但是要说嘲笑好像也没有什么笑点。

但是既然即席表达是一种更高难度的表达方式，需要与现场高度契合，需要通过各种感官进行信息的全面传达，尤其是要结合互动而来的信息对语言进行现场组织，就会带有一定的风险性。

结合得好可能会金句频出，结合得不好可能连逻辑都不通。尤其是由于情绪的干扰，比如现场有破坏秩序的行为，破坏了你的情绪，你的情绪就跟着这个愤怒走了。而忘了对现场这么多信息进行充分加工，就可能会卡壳，不知道该说什么。或者忘记前后的连续性，说出一些不着边际的话，说的话失去前后的连贯性和总体的逻辑性，就会给人一种胡言乱语的感觉。

这种感觉由于破坏了基本的逻辑预期，可不是使人厌烦那么简单，而是会使人无法接受，甚至坐立不安，有一种赶紧把你从台上赶下去的冲动。而这种冲动所产生的现场骚动，会进一步破坏你的表达信心，你的表达混乱程度会进一步加剧，以至于你都无法讲下去了，你几乎会因羞愧下台，几乎有一种要被轰下去的感觉。

这是即席表达毁灭性的结果，我必须提醒大家，这种表达方式可能会产生这种最坏的结果。

但是念稿绝对不会发生这种情况，不管怎么样，至少他能够完成。也许激发不了观众的兴趣和注意力，但也绝对没有陷入混乱和无法进行下去的风险。这也是为什么大多数人还是选择使用念稿这种表达方式的根本原因。

不是即席表达的优越性不令人心动，只是灾难性的后果太令人望而生畏了。大家不愿意脱稿，主要是害怕把事情搞砸了。

风险和收益同在，很多时候就是这样的。

上面也提到了，其实核心问题还是出在情绪上。事实上，这也是竞技性活动的普遍性问题，很多竞技比赛都要同时用到体力和脑力，而且情绪也是很重要的一环，因为稳定的情绪能够保证稳定的发挥。很多运动员只要稳定地发挥就赢了，但问题就是不能完全确保稳定的发挥。

即席表达也有这方面的特征，它对心理的稳定性有很强的需求。这是由它的现场感决定的。为了实现现场感，表达者是带着一个模糊的、未定型的意识上场的，它必须与现场介入信息发生综合才能现场加工出来。

它的表述方式不是提前确定好的，而是相当于现写出来、现说出来的东西，脑子需要在现场飞快地运转，注意力必须高度集中，只要脑子稍微停顿和受干扰，整个语流就乱了。表达者在这个时候就像走钢丝绳，必须心无旁骛。在接受大量现场信息的同时，还要保持一种内在的心流状态，高速处理这些信息，加工原有的储备，才可能作出即兴而又流畅的表达。

看起来不过是在说话，很简单，不过需要处理的事情太多了。

我们知道，要想进入心流状态，平时都是一件很难的事情，都容易走神。而在台上这么多人瞩目的情况下，给你施加如此强大压力的情况下，更是难上加难。光对抗这种心理压力就需要极强的抗压能力，更不要说还要维持脑子的飞快运转。

这一切靠的都是情绪的稳定性，这种稳定性是一种心锚，必须将注意力牢牢锁定在现场加工处理信息和组织语言这个问题上。其中还要耗费一部分精力来抵抗这种外在挑战和压力，要不断给自己心理暗示：你能行的，没问题的，不用在意他们。

但是我所描述的这个精力分配格局，只是一个静态的描述。谁能保证现场没有个风吹草动？谁又能保证自己绝对没有失误？比如一个人就在下边打电话，还打得很大声。你就会想这个人怎么这样，怎么这么没素质，也没人管。他干吗？到底有什么事？他是不是对我说的不感兴趣，我刚才说得哪没说好呢？

当你在考虑这些问题的时候，你用以处理信息和组织语言的注意力就会被转移过来，虽然这只有一两秒钟，但是当你回过神来，你会在心里惊呼，我讲到哪儿了？我要讲什么来着？很快你的汗就下来了。如果你还是没有想起来，这个语流没有接起来，就会是一个半截话停在空中，而不是自然的停顿。观众是完全听得出来的。各种反应状况都会有，这完全取决于他们的素质，但是不会都是好的反应。最起码，他们会用眼神表达出来失望的神情，好像在说不行了吧，你根本就不是这块儿料。如果你还是没有任何反应，这个尴尬状态就持续和加剧。你可能就会想我完了，太丢人了，而且还会在心里不断重复这种绝望的情绪。全然忘记你现在的职责和你想要表述的内容，你的信心会被击穿。

据我估计，即席表达的情绪挽救期不会超过五秒钟。从满心期待到完全失望只是一瞬之间的事，观众的容忍度是非常低的。

所以情绪控制是急如星火之事。我的感觉就是要有坚强的意志力，要确保自己一定要完成，要像战士上了战场要一种视死如归的勇气，要用意志力的双手牢牢掌握自己的注意力航向。几个人嘀嘀咕咕，我们可以扫视，可以调整策略，但是内心绝不能有一丝慌乱。我们不可能完全避免厌恶的情绪，但是由于它们很容易带来注意力的摇摆，所以要瞬间甩开这些情绪。完成表达才是最重要的，完成表达你才是最大的赢家。他们都无所谓。他们的不注意，甚至扰乱，都不应该侵扰自己表达的流畅性。如果被侵扰到了，反而正中了他们的下怀。只要你能够保持稳定，现场的基本盘一定是稳定的，听众一定会被你征服。最重要的可能还不是你的内容，而是你的意志力，在很多人心目中，你真牛的一个重要原因其实是你竟然能完成，没有乱，这就很厉害了。

是的，在即席表达的情绪控制上需要一股极为强悍的意志力，就像横下一条心不达目的不罢休一样。就像赛车手，在超高速运动中要保持内心高度的稳定，保持心跳、血压的平稳，保持一份从容和淡定。因为创造力需要心态的适当松弛。

一开始你可能光想着对抗压力，完成任务。大家只是钦佩你的意志力。

但是由于你的紧张也会传导给观众，让观众也跟着你紧张，为你捏着一把汗。你终于完成了，观众也跟着松了一口气。但是这种情况下，很难展现适度的幽默、悬念，具有创造力的金句也很难产生。

只有你完全放松下来，已经不用分配过多的精力去对抗观众的情绪，而是融入其中，拥抱他们的情绪，享受这个过程，并且感到十分惬意，观众也会跟着松弛下来，你才会从容地抖出一些"包袱"，引发笑声和赞叹。大家不是被你的高压式信息流压着，而随着你的思绪飞扬，不带任何压力地享受着你的风趣和智慧，结束的时候都意犹未尽。他们不用再钦佩你的意志力，因为其实大家感受不到你隐藏在背后的意志力。

他们完全是不经意地被吸引过去的。这样的情绪控制效果会更好，就是实现了一种不控制的控制。就像庖丁解牛一样，完全顺其自然。当然这需要更多的训练，更纯熟的技巧，以及更多的准备。

但是你需要知道的是，这一切并不完全是自然而然的，你的情绪也不是天生就这么舒展的，它只是一个情绪控制的高级阶段。

永远要记住，在舒展和崩溃之间也不过五秒钟而已。

其实，我感觉维持一个基本的稳定状态，走神的时间一般不要超过一秒钟。

所以，如果你真的要选择这条艰难的路，又想不让自己垮掉，就不要忘了，情绪控制是一堂必修课。

心理承受力

说完了情绪，再来说心理，这是因为即席表达的成功，心理因素几乎是占了一半的功劳。

1.

相比于情绪控制来说，心理承受力其实更为基础，它是一种基本的适应和驾驭能力。

也就是你到底能驾驭多大场面的问题，能不能控制住的问题。

一个初学者，给你一个特别大的舞台，你再控制情绪也没用，你就是驾驭不了。

因此，心理承受力有阶梯性，是无法轻易逾越的。

这有点像力量训练，你必须循序渐进，否则就拉不起来，会被它压垮。这也就是小马拉大车效应。

当然，心理承受能力一般也是和影响力相匹配的，如果没达到这个影响力，一般也不会给你这么大的平台。

但是即使你有了平台，突然转变表达形式也会有一种巨大的不适应。

所以还是要从简单一点的平台入手。

我大概是从 2016 年开始，才意识到即席表达的重要性。

当时为了从根本上提升出庭能力，我受命设计并组织研发出庭能力培养平台。让公诉人可以自己发布出庭观摩信息，大家可以自主预约观摩，并通过出庭、旁听、经验提炼等几个渠道获取经验值，实现公诉人出庭能力的自我迭代，就是将竞争机制引入出庭工作之中。

这也是我对辩护人成长模式的总结，我发现从起点上其实大家都差不多，但是辩护人适用的是市场化竞争法则，其出色的表现会迅速得到名与利的回报，当然不好的表现也会直接导致生存压力。这就会加剧竞争，从而使其进化加速。

而检察官之间没有那么激烈的竞争和生存压力，在法庭上还会受到更多的照顾，容忍其大段大段地念稿，导致其进化速度要慢得多。

所以经过十年不同的轨迹发展，即使当年是同等水平的同学，由于不同的进化规则，都有可能进化成为不同的司法物种。

正是法官对律师的不迁就，才使得律师学会抢话说、脱稿说、结合现场的情况即兴说，他们的目的是在有限的时间里，增强说服力。虽然并不一定能完全改变庭审的结果，但是一定能改变他们自身的表达能力和思维能力。

所以在同样的场合，律师就很容易侃侃而谈、娓娓道来，而检察官就显得照本宣科。

这种庭审现象一旦要是直播出去，观众就会看得很清楚。所以我当时就是想将竞争机制引入进来。

同时，为了增强说服力和语言的生动性，我也开始强迫自己进行脱稿出庭，所以这几年这几十场的庭审，从一名上诉人、一位辩护人的小庭开始，到十几名上诉人、二十余位辩护人的大庭，从案情相对简单的暴力犯罪到扑朔迷离的诈骗犯罪，我一直坚持了这个原则，并且也带头在出庭能力培养平台上发布自己的观摩庭，让同行进行品评，这也进一步增加了我的心理压力。

记得一个涉外诈骗案，由于上诉人学历特别高，可以熟练使用多国语言，辩解特别多，我还同时邀请了河北省三级院二十余名同事旁听庭审。而且根据日程安排，在庭审结束后，下午还要向他们讲解出庭能力培养平台这个系统。所以前一天晚上我准备到很晚,光准备庭审就准备到晚上十点多,然后再准备平台介绍,回家的时候都十二点了。当时形成了一系列讯问策略,主要是交叉使用大量的社交媒体记录,暴露上诉人蓄意的欺骗和矛盾之处,然后利用其取得钱款之后自己的高额消费情况,以及外国房价、土地产权证明等证据材料用以佐证其谎言之处。

但我并没有准备通常意义的讯问提纲,而是在心中形成了一系列的策略和一些弹性的内容要点。在讯问的时候根据现场的情况随时调整,就像聊天一样保持一个自然的语流状态,让骗局得以自我暴露。这个庭开了一上午,下午又是对出庭系统进行讲解,同样也是脱稿进行的。结果就这样说了一天话,回家都不想说话了。

可以说压力是巨大的,有些压力甚至是自找的,但是每一次克服压力之后心理的承受能力都会得到提升。所以脱稿出庭实际上奠定了一个基础性的心理承受能力。而出庭还有一个好处,它是有喘息时间的,它有一个交替发言的机制,并不是你一直在说,虽然看起来时间比较长,但是因为有喘息,压力会得到一定的缓解。

2.

出庭有喘息,但是讲课不行,讲课往往要一直说,当然可以有提问,但是提问往往还是最后补充性的,主体内容还是"说"。

很多人有讲稿,就可以有依凭,有些在讲稿之外又加个PPT,让观众有东西可以看。对于获取注意力有一定的好处。但是坏处是大家会把很多精力投入到PPT之中,反而忽视了表达者的讲授,你的讲课就会沦为对PPT的解读。最主要的还是缺少互动和现场感,PPT依然还是讲稿的变形,都是提前准备好的,甚至是一直通用的,这样的讲授仍然会显得有模式化之嫌。而且即使没有讲稿,仅有PPT,讲授者也会经常依赖PPT,始终抱着电脑,这样自然就减少了与观众的交流,现场的融入感和创造性自然就会降低。

除非你是站着讲的，拿个翻页笔，那样的话就不能经常读 PPT，就会更加吸引大家的注意力。这很像科技产品的现场发布会。

采用这种形式，自身的压力就会变大。除非是非常熟悉的主题，比如出庭能力培养平台。因为我了解每一个细节，也经常做一些介绍，所以很熟悉。

有一次，在贵州举行的全国优秀公诉人培训班，我就牛刀小试了一把，那个场地特别大，坐了有二三百人。我在上台之前很紧张，事实上我也有稿子，上台之前还一直看，但是其实根本记不住什么。最重要的是，提前还要测试翻页笔，虽然我很熟悉这个主题，但是如果没有 PPT 的播放，我也会失去结构和顺序，因此也会乱掉。所以，即使你不是在读 PPT，也是在以此进行结构控制，而台下的人也是在利用它进行基础认知。

我在大屏幕右下角的地方向着观众来回走动，不时地回头看一下 PPT，以确定顺序和基本内容。某种意义上，我就相当于 PPT 的讲解员，所以我时不时要确认一下，而且你很难闭着眼睛想起下一张 PPT 的内容，这个时候 PPT 是不可或缺的。当然由于我不是在读 PPT，我前边没有屏幕的遮挡，大部分的时间还是和观众有交流的，我全然忘记了稿子的内容。我只能凭着感觉和记忆去走。当然经常用到的段子我还是记得起来的，而且看着观众中有些兴奋和新奇的表情，我也感到多少有些兴奋。我也会越讲越起劲，所以就很容易投入进去。

重要的是我对这个内容很熟悉，我讲过很多遍类似的内容，我并不担心没的可讲。但我担心的是，我到底会以一种什么样的形式呈现给观众，观众是否会买账？这是我无法设想的。在讲课的过程中，我看到总体状态还行，但是也不是所有人都买账，有些人就会站起来就往外走，也不知道是上厕所了还是干什么。我根本不敢多想，我就去找那几个听的比较嗨的人和他们更多地保持眼神交流，这样心理上会舒服一点，得到的鼓励也多一点。总之，我根本无法做到经常对全场进行扫视，精力根本顾不上，而且还要经常回头看 PPT，还要担心翻页笔，生怕它卡壳，有一次真的翻多了一张，那接着讲就是了。

看到下边有不少观众老是笑呵呵的，也不知道是我讲的有意思还是怎么的。后来我回看录像的时候，发现衣服兜揣的手纸露出了半截，确实挺搞笑的，也不知道他们笑的是不是这个。但是从我下台之后大家的兴奋程度看，他们对此好像也不是太在意。我当时被十几个人就围住了，他们向我询问更多的细节。还有几个成为了非常好的朋友，有的甚至后来告诉我，整个这场培训班就我讲的这个还有点意思。

这给了我很大的信心，也让我见证了即席表达的力量，原来让人听进去会有这么大的力量。我们说话不仅是为了说完，还是为了影响到别人。

3.

后来有几次我还是在用 PPT 和翻页笔，但是发生技术故障的可能还是会成为心中深深的忧虑。这次在成都给全国省级院公诉处处长讲重大敏感案件的认罪认罚。这个主题是第一次讲，没有那么熟悉。关键是在坐的观众都是"老江湖"，要想真正打动他们很难。再加上翻页笔不如上次好用，很多时候要摁两下到三下才能出来，有的时候你这一页都说完了，但是下一页还不出来，只能硬着头皮再说两句，当你快要绝望的时候，它又出来了。这一次我被翻页笔晃得够呛。

但是最重要的还是心理压力比较大，因为观众在资历和阅历上普遍比我要高。他们普遍有一种：我倒要看看，这小子能讲出什么来的心理。虽然那个时候《检察再出发》已经出版了，但是还是感觉相对比较青涩。

所以在讲课的过程中，交头接耳的就有了，尤其是在 PPT 要卡壳没卡壳的时候，流畅性多少会受到点影响，只要有一秒钟的分神，这种质疑就会加深，骚动就会加剧。这个时候，就像我前边提到的，就是要咬牙坚持下去，不能慌乱，保持一个整体的流畅性。即使在艰难的过程中也不要放弃捕获观众注意力的信念。

有一个有趣的现象，即使在整场都不友好的情况下，总会有一部分观众会展现出善意，你就可以从他们的眼神中获得动力。而即使整场都比较顺的情况下，也会有一小部分人不买账，你就要尝试让他们也买账。这就是观众的相对论。

在困难的时候要多抓住希望，在顺利的时候要多考虑考虑那些溜号的人，这些都可以帮助自己实现提升。

尤其是在艰难的时刻，只要你坚持下来，大多数人还是认可的，因为虽然他们的资历更深，但他们自己也知道如果换做是他们自己，他们也一样未必表现得会更好，甚至他们都不会挑战这种形式。所以只要能完成下来的，就是好样的。

而当观众一旦听过这种即席讲课的方式，再听念稿、念 PPT 就更不容易接受了。

所以当我发现其他课的现场秩序还不如自己的时候，我就获得一种心理安慰。原来他们只是不愿意听课，在我的课能坐得住就算不错了。

而且就在我讲课进入半程之后，我也在艰难的压力之中努力找到了一些观众更感兴趣的切口，比如案件的细节，案件结果出人意表的反转，这些都是他们感兴趣的，至于理念方面就差一点。因为长期研究案子的人容易被案件情节吸引，这也是一种正常的心理。

因此，即使在困难之中也不要忘记思考，才能获得经验。

虽然挑战的压力在加大，但是只要咬牙完成了，心理承受力就在成长。

4.

其实关于心理承受力的成长，既有有意识的锻炼，也有机缘巧合。

还有一次，给一个省级检察系统讲认罪认罚，因为我们是试点，之前他们没用过，完全是一张白纸。这就相对好讲多了，因为他们完全没有概念。但是有一个问题，由于用的是开会的场地，没法放 PPT。正巧，我当时也没有时间专门准备 PPT，反倒是省点事。

没有 PPT 的话，讲法就完全不同了，等于很多细节、内容就没有依凭了，你需要自己记到脑子里。而且没有PPT，观众就只能看你，与你的交流就增加了。只是没有PPT这种视觉焦点，如何长时间让观众保持注意力，这又是新的挑战。

当然这次是坐着讲，能稍微稳当一点，但是全程来说就是观众和你不停地有眼神交流，没有遮挡也没有间断。

由于没有PPT，我还是给自己列了一个十个问题的提纲。也就是讲十个问题，每一个问题之前都写过一些东西，做过一些研究，所以都还是有内容的。而且我始终参与了这项试点工作，有些改革内容还是我主张推动的，比如去审查报告化什么的，也都在我心里。这样也就没有什么可慌的。

这一次，大家整场都是比较投入的，有些后边的人都抻着脖子听，求知欲很强，纪律很好。所以让我也越讲越兴奋，就把之前讲过的一些案例也不时地抛出来。效果完全超出预期。当然了，法律人对案件这种故事性比较强的桥段是普遍受用的，这是屡试不爽的规律。而且我讲到有些理念，有些我们的改革创新，也是为检察官切实减负的，虽然处长不一定有感觉，但是检察官听了就很受用，他们对这项制度充满了期待。好像期望早日能得到解脱一样。

所以即使同样的内容，在不同的场合，针对不同的观众也要有不同的讲法。因为他们的兴趣点差异是很大的。

而即席表达是非常适合调整的一种表达方式，因为我本身就没有讲稿，也没有PPT，现场就能改，可以结合观众的兴奋点随时调整内容。而调整的成本非常低，无须做大量基础性的工作，再加上现场的加工，在整个调整的过程中了无痕迹。其实我原来想讲这些内容，但是看到大家有些不感兴趣，于是我临时就调整讲别的了。要是有PPT，能做到这样吗？

这也是抛弃PPT的好处，你的内容获得了更多的弹性和解放。而且再也不用担心翻页笔不好使，也不用再进行提前的调试，而是可以跟组织者轻松地坐下来先聊一聊，从侧面了解一下这个班的主题和人员结构，甚至包括之前都讲过什么，等等。就可以知己知彼。

而且从心态上也会更加的轻松，这反而更增强了心理的承受能力。

这实际上也实现了承受能力的跃迁。观众会把更多的注意力投入到你本身，投入到你的内容本身，你们之间再无任何遮挡，你和观众将结成更为紧密的联系，你全凭一张嘴把他们吸引住，而他们也会充分地听进去你在讲什么。这样，你的内容对他们产生的影响也将变得更为巨大。

5.

发现没有 PPT 反而效果更好之后，我就干脆抛弃了 PPT，反正也没有时间做，这样让自己反而更加解脱。让自己腾出手来关注更多实质的内容。即席表达就是抛弃形式，回归实质的过程。

从此，我们将更加关注内容本身，让观众也更加关注内容本身，不仅仅是被漂亮的 PPT 样式所吸引，而是真正被讲课的内容所吸引。能吸引住就说明他们感兴趣，反之就说明他们不感兴趣，需要进行调整和改进，一切反而变得十分简单。

当然，抛弃 PPT 也是将自己完全交付观众的过程，需要更强的心理承受力。这不是一下子就能够实现的，心理承受能力的提高最好还是一步一步来。

因为如果你没有足够的内容，不具有娴熟的情绪控制技巧和现场组织语言的能力，是不太容易完成这种持续不间断的输出的。因为除了提纲以外你完全没有抓手。而且如果你的提纲太过详细，也会影响整体的流畅性，你会时不时看一眼提纲，看看哪些小点还没讲到，这样就会破坏整体的松弛性和内容弹性。其实一些具体的小观点，多讲一个，少讲一个，或者讲的顺序发生变化都不重要，重要的是符合整体的语境，有利于整体内容的流畅性就够了。

一旦你过多地思考，反而束缚了自己的思维，就会变得机械，而且还会影响表达的顺畅性。流畅性一旦受到影响，对集体心流的破坏是致命的，就像你在看电影的时候，出现网络卡顿是什么感觉？那种焦急、闹心马上就会破坏你对故事情节的理解。网络恢复之后，还得重新酝酿情绪，如果卡顿几次你可能都不想看了。

讲课也是一样，你不会卡顿那么长时间，但是磕磕巴巴和一气呵成的差别绝对不是99分：100分的差别，可能是59分：100分的差别。

所以即席表达，流畅性为王。流畅可以遮掩一切的瑕疵，包括内容疏漏。你就想，你多讲一两个知识点又有什么用？倒不如让观众把你讲出来的这几个点记住，这才是最重要的。

现在信息太多，能够让人记住的东西太少，能够在人们心里刻上烙印的东西就更少了。

即席表达就是帮助在人们心里刻上烙印的表达形式。

这才是它的重要意义。

但是提纲还是一种束缚，你还是会有一个条条框框的感觉，这种框框对整体的流畅性还是会有影响。

后来由于一些机缘的原因，我连提纲都没有时间列出来。就只能在心中默念几个关键词，也就是以意念的形式，形成一些基本的框架，这就会使内容调整的幅度更大。而且由于你始终不用低头，与观众的交流就会更加顺畅自然。

开始是在几十人这种小场合，后来逐渐扩大到一两百人的场合，官方程度更高的场合。

从此也就刻意地连纸质的提纲也不要了，只有心中的提纲，为了能够确保记住，最终是缩减为几个关键词。

在现场提前准备的资料越少，难度就越大，但是发挥的余地也就越大；观众人数越多。水平越高，场合越正式，带来的心理压力也会越来越大。

资料上做减法，观众上做加法，心理所需要承受的压力就会不断加大。

但是只要上了一个台阶，就有资格冲击下一个台阶。

而且只有不断适度增加承受力负荷，才不会使自己不至于停留在舒适区，才不断会有新的收获。

只有心理承受力上了一定的台阶后，才谈得上技巧的运用。

即席表达最难过的就是心理障碍这一关。

准备与训练

之所以将这部分放到最后，主要是因为了解了即席表达的基本特征之后，才能有针对性地进行准备与训练。

1.

之前我也提到过，我会通过脱稿出庭的方式进行训练，但是如何对脱稿出庭进行准备呢？因为这与念个出庭意见书并不是一回事。

其实也没有什么神秘之处，就是需要更加亲历性地办案，你要自己熟悉案件。仅仅靠助理阅卷打报告，是不可能有底气脱稿出庭的。你必须亲自完成所有的办案细节，即使报告是助理帮助打的，但是核心的处理意见应该是你的。你对案件的关键证据和整体的事实脉络要非常熟悉。

我对事实的叙述始终是非常强调的，在审查报告的案件事实部分，经常要写上十几页。我就是要通过形成非常精细的事实网络，来倒逼自己把证据彻底搞清楚。如果哪一部分没搞清楚，要么就是自己没研究明白，要么就是这个案子本身有漏洞。就需要补充相应的证据。

对于暴力犯罪，如果有现场录像的话，那就是对案件过程最客观的记载，比多少证言都可靠。只是由于角度、清晰度的原因，现场录像经常无法记载全貌。

有一个故意伤害的案件，上诉人辩解很多，就强调自己在冲突之初吃亏的方面，强调自己被侵害的一面。对自己在扎死被害人的过程中的作用，始终以酒后记不清为由，闭口不谈。由于现场的过程发生得太快，虽然有些人也看见了，但是总体比较笼统。笼统强调他行为的存在也行，但是如果不能充分描述行为的细节，就不能让上诉人和旁听的人员充分信服。即使这个案子能够维持，但是在他们心目里还是会有悬念。上诉人自己也许知道的比较清楚，但是他的家属当时并不在现场，如果就这么结束，恐怕他们还会以为司法机关冤枉了一个好人。这样的效果并不够。

而在这样的庭审中，如果念出庭意见书的话，会让观众反感，以为我们是硬说、硬定，念稿子反而成为不负责任的掩饰。所以一定要采用脱稿的方式，将案件细节充分地呈现出来，改变观众的认知。

原来一些老公诉人跟我说，你出庭就是为了说服法官。现在我发现，仅仅说服法官是不够的，还要说服公众。即使旁听席上没有多少人，还可能有更多的人会看直播和录播。必须让每一个看过这个庭审的人都信服，这才能达到出庭的目的。不能让庭审之后，大家的心里还留下大量的悬念，或者完全不相信控方的意见，即使法院仍然判决有罪，出庭的效果也是大打折扣的。

带着这个想法，我仔细审查了这个远视角，又非常模糊的现场录像。看了五十多遍。根据行为特征与言辞证据相互对应，先辨认出了一批人，再使用排除法，慢慢将上诉人辨认出来。然后仔细研究上诉人在全案的行为过程，明确其在扎人过程中的重要作用。

最后，在庭审上，上诉人还是辩称自己才是真正的被害方，之后把人扎死的事情说得跟自己毫无关系，上诉人的家属也来了很多，投来的眼神好像也在说，你要给我们一个交代，你们是在冤枉好人啊。

我在法庭上，用一连串具有画面感的语言描述了整个行为过程：双方因为挪车起了冲突，上诉人一方吃亏了，被推倒了。这时双方也就被拉开了，现场本来趋于平静。但是此时，上诉人站起来推打被害人，还打不过，这时上诉人的大哥从饭店里出来，过来用刀扎被害人。上诉人推，他大哥用刀扎，被害人步步后退，被逼到一个柴火垛上，被扎得坐到上边。

后来就躺下了，扎人的大哥以为完事了，转身要离开。没有想到被害人非常强壮，竟然又站起来往前扑，上诉人先发现这个情况，又把被害人按倒在柴火垛上，让大哥继续扎，而且在扎的过程为了防止被害人再起来，上诉人就这么一直按着，以方便大哥继续扎人，直到被害人再也起不来了。这一过程被现场完整地记录下来，并有其他证据可以佐证。

听到这些，上诉人也低下了头，家属的眼神开始收敛回来，好像已经看过了现场画面，明白了自己的家人并没有被冤枉。

这个时候即使播放录像也无法起到这个效果，因为录像看得并不清楚，这个时候即席发表的语言，发挥了重要作用。我不仅通过语言使描述产生了画面感，而且由于始终有眼神交流，我脱口而出，又非常连贯流畅地描述事实，这本身也增强了内容的可信度。

这就是即席表达的意义。它让人能够听进去，能够真正产生说服力。

实际上脱稿出庭就是倒逼我们更加精细地审查，更加注意案件的漏洞，实在定不了的案子也不要硬定，其实这也是一个提高案件质量的过程。

当你能够解决案件所有的风险点，也就为脱稿出庭奠定了一个坚实的基础。

2.

讲课又有点不同，它不仅要求准确性，还需要更多的丰富性和创造性。因为课程主题往往是有一定开放性的。与案件这种固定事实、固定证据的范围很不同。

讲课的差异往往体现在讲授者的功底。同样一个主题，旁征博引是一个讲法，仅就题目论题目也是一个讲法，只是会让大家觉得干巴巴。为了避免干巴巴，很多老师就有了一桶水的理论，就是你有一桶水，你就很容易拿出一杯水，意思就是作为老师，要有更丰富的知识体系。

这个思路是对的，但往往是在教案和教科书的辅助下完成的，这个时候一桶水好像就够了。

但是如果你要完全脱稿讲，一桶水就不够了，因为你能够随时调用的知识是十分有限的，你可能就需要一缸水，这个时候你只要晃一下，可能就会将一杯水晃出来。也就是你可以在不经意之间就能拿出一杯水的知识，这个时候观众就会感到一种轻松自如、信手拈来的感觉。这时候你才能有底气脱稿讲课。

而且也不是写讲稿再去背那么简单，因为你背不下来，忘词怎么办？如果现场还需要调整、扩展怎么办？你得有大量的知识可以调用。而且那些知识必须是融化于心的、随时可以脱口说出来的东西。这样的知识不是简单学到的，而应该是写出来的东西。

所以真正的即席发言准备是从写大量的文章开始的，不是一两篇文章，而是按着一个主题写一系列的文章，这样对一个领域的知识才能系统化。

写作是一个知识系统化的过程。

因为这两年我写的文章多了，大概有一两百篇文章，很多点我都触及过，甚至十几二十篇地深入研究过，我的知识框架就会越来越丰富。在讲课的时候说的每一个点，都有支撑，我都写过文章，研究过，甚至提出了一些新的观点，有些还转化为制度机制。这样我在讲的时候就比较容易扩展。

事实上，文章就是即席发言的底气。

因为时间的关系，我几乎每次都没有单独的时间来备课，几乎都是在启程出发的路上来备课。备课的方式也比较简单，就是带着自己已经出版的书以及尚未出版的书稿，在路上再看一遍。想着要讲的主题，看看能不能激发出什么新的火花。往往到了地方，就会有一个基本的框架出来。再与主办方对接一下，了解一下人员组成，征求一下学员对讲课的需求，这样就可以更有针对性地对课程结构进行设计。

慢慢熟练之后，还会对开场、高潮、收尾进行有意的控制，会考虑如何让观众先进入状态，也会考虑如何在意犹未尽中结束，将合适的案例安排在适当的地方。所以虽然看起来是不经意地提到了一些案例，其实可能是有意安排的结果。

让人察觉不到的准备和设计，才是真正充分的准备吧。

其实，即席表达也没有什么神秘的，它是从"听"的角度考虑"说"的一种用户思维，是知识系统更加实质和充分的认知模式。它也是一条更艰难的成长进化之路，就看你愿不愿意选择和坚持了。

第六章

个人视角的社会
演进史

现代社会是一个高度复杂、紧密互联又飞速运转的社会，风险和机会一样多。

直观感觉就是，这20年的光景如在昨日，我想通过回忆这20年的生活细节来体会社会的变化，也反思社会治理的诸多问题。

日子就这么一天天过，也不觉得有多大的变化，但是一对比，这变化，还真吓人一跳。

进　　城

我是 2000 年来北京上学的。

那时候，哪有动车啊。从老家进京的都是过路车，站台也不太亮。主要是车厢的位置感觉每次都停不准，也许是站台上没有现在的标识——乘客可以知道哪节车厢停哪儿，所以每次都找不准。站台的工作人员往往一指：那边。也不知道具体是哪儿。

最重要的是，停车时间太短了，就两三分钟，也不像现在的动车似的，车门全都自动开启。那时候，即使是快车也是一个车厢就一个门，站台低，车厢高，有台阶，拿东西特别不方便。如果对停车位置的预判不准就要追出很远，都拿着东西，都怕上不了车，就都抢着上车，那叫一个乱。每次上车，都跟打仗似的。据说，还有真上不去车的。

当时，我就发誓，一定要生活在一个有始发站的城市，提前半个小时上车，下车也不用那么着急，踏踏实实的多好。就凭这一点，我就特羡慕北京。

虽然要坐一宿车，但从来就没买到过卧铺，因为买不着。而且排队买火车票是一件非常不容易的事情，想起来头皮都发麻。哪像现在摆弄一下手机就行了，而且那时候还有黄牛，小地方还流行"找人"。我们都搞不定，因此能买到一张座票就很不错了，站着也得回去。

但是不管什么时候，所谓有钱没钱回家过年这句话却是真的。站票肯定卖出去不少，因为车厢过道里都站满了人，厕所门口都是人，要是上厕所，就要从人丛中挤过去，把倚靠在厕所门口快睡着的人扒拉开，当然也心怀很大的歉意，最后往往是厕所里还有人。所以，要是上了车，坐下来就最好不要动了。

我肠胃还不太好，容易坏肚子，要是刚上火车就上厕所那就要了命了。所以要和跑马拉松一样，最好提前排空。在火车上逐渐养成了不吃、不喝、不睡的习惯。据说火车上小偷多，《天下无贼》演的就是这个，虽然我没有遇到过，不过都这么说，小心一点总是没有坏处的。

下了火车，一个人拉着个一个特别大的行李箱，就像再也不回家了似的。现在我出门几乎没拿过箱子，可能有阴影吧。

到北京，出了公主坟地铁，奔学校就要找374路公交车站，报到通知是这么说的。我找了半天也没找着，我自认为自己的方位感还是不错的，大概应该就是这块地方了，我就打听，一个人说前边，我就往前走。走到一个站牌了，有挺多车的，但就是没有374，我就问。他们说，后边呢。我就往回走。我一看这不又回来了吗？我就又问。有人说，就这儿。我说哪儿啊？我也没看着站牌啊。人家说，没有站牌，就这儿。

公交车与自行车

在学校安顿好了，就经常要出去逛，那时候只有两条地铁，很多地方都到不了。学校周围没有地铁，据说现在快有了，都 20 年了。

那时候，要是去远一点的地方，主要的方式就是倒公交车。怎么倒，主要靠问，靠看地图，没有现在的导航。如果去一个陌生的地方就很麻烦。而人的记忆力很有限，最主要的换乘路线只能记住几条，这很大限度上限制了我们的出行范围和流动性。

自行车是一个不错的选择，我就把老家的自行车通过火车托运过来了，这是小学六年级的时候家里给买的，骑着顺手，而且托运费要比再买一辆自行车的费用便宜很多，反正家里人没人骑了。这是一个性价比很高的选择。

有了自行车，出行的范围和自由度就高了很多，大街小巷都骑遍了，骑车让我近距离地认识了北京。这个城市确实有味道。

但是当时在管理上也确实有它的问题，在一个公交车大站竟然没有站牌，确实匪夷所思。当时的管理还是比较粗放的。北京有很多河道，但是特别干净的不多，当时的昆玉河算是一条。

为了了解真实的北京，我和舍友们决定骑车环绕一下北京，早上 10 点出发，晚上 10 点才回来，本来是一直想沿着四环骑的，但是骑着骑着，就没有辅路了，不得已在南部绕行了三环辅路，一路上看到了这个城市的发展差异，南三环与北四环比就是一个地下一个天上。而且南部还有很多臭水沟，环境差很多。好像还有一些工厂。东边感觉也比较乱，还是西边好一点。

那时候还没有手机，有一个人骑丢了，着急了半天，最后发现他早就原路返回了。那时候不像现在，通过微信的位置共享，怎么可能骑丢？

但最郁闷的是，此后没多久把自行车给丢了，心疼极了。

想买一辆新的吧又觉得贵，而且公交也能坐，也有人建议买二手车，但二手车很多都是赃车，对于一个学法律的人而言，内心有一种抵触情绪，后来干脆就不买了。偶尔需要就向别人借一下吧，主要的公交线路我们也知道了。

想想现在的大学生多幸福，到处都是共享自行车，比如摩拜单车，每一辆都比我那辆车好，最大的好处是不怕偷。

不过，据说一开始也有人偷共享单车，还有破坏的，到最后也被共享单车的海洋淹没了。偷车的这个行业也宣告破产了吧，因为已经没有一个买二手车的市场了，需求决定供给吧。还有三轮蹦蹦车，这个行业治理起来特别难，共享单车来了全治了。剩下的基本都是自己代步用了，因为短距离出行这个问题已经解决了。

城市在不经意间就得到了治理，与其说是治理，不如说是自我进化。

买书与电商

没了自行车，出行确实受限了，但随着年级渐高，也确实应该收收心了，所以没有了也倒省心了。我本来就喜欢看书，所以慢慢地生活就变成四点一线，主要是在宿舍、食堂、教室（图书馆）和海淀图书城之间度过的。

海淀图书城后来成了中关村创业大街。当时的海淀图书城还是很有人文气息的，虽然有点原生态，与海龙电脑城什么的距离也不远。大小书店都有，专业化分工，市场化运营，好处就是有些折扣比较低。还有很多旧书，滞销书，价格更低。

一方面，我会淘一些新近出版的法学著作，但是给我的感觉真的很怪，就是新的作品真的出版得很慢，好书也特别少，可能也是因为我去的频率比较高的原因。工具类、教材类、泛教材类法学著作，大部头多，看着就没有胃口，有原创性、有新意、有意思的特别少，好一点的主要是翻译过来的作品，丹宁勋爵那套书给我的印象特别深。

另一方面，我更愿意淘的是专业以外的书，也就是杂书。尤其是三联出版的书，都很有意思的，但是现在感觉也没有那么有意思了。我现在好像看得更多的是中信的书，感觉这几年中信出版的比较不错的书，大部分我都看了。

当时的视野很有限，选择余地也很有限，认准的就是那一两家小书店，老板也熟，折扣能多一点。但是书就那么多，有时候能挑到一两本好书就很开心了。那时候感觉除了买书也不买什么东西，好像现在基本也是。

所以淘宝这些电商出来我是很后来才知道的，可能直到上班以后因为生活在郊区，用得才多起来。当时主要是用当当买书，再后来是亚马逊。现在好像几乎一切都是从网上买的了。

现在，偶尔会去万圣书园逛逛，主要是找找感觉，就像回到学生时代，有一种放松愉悦的感觉，而且确实会发现一些好书，这是网络书店的推荐算法算不出来的。人的寻找和推荐确实有算法不可替代之处，但是从那里买到书的比例太低了，网络还是主渠道，看到比较贵的书还是会从网上下单。

据说淘宝这些电商，是从非典那一年起来的，因为出不去所以就养成了这种网上购物的习惯。现在又到一个轮回，简直是魔幻。当时，我和很多人可能都没有看到这是一个趋势，只是发现学校里怎么多出这么多包裹啊，一问是淘宝。

2020年也注定会成就一些新的互联网公司，但是我也不知道是谁。请大家看电影的字节跳动？我爱人现在就很迷抖音，我儿子上不了幼儿园，天天在家听凯叔，当然还有得到、吴晓波频道这些我听的平台。

BAT已经是基础设施了，就不用说了。目前，在任何情况下都能保证送货的就只有京东和顺丰吧，尤其是京东自营真是很厉害。别的仓库可能被封、被控制，员工也可能上不了班，发货也可能不顺利。但是京东自营为什么可以在这种非常状态下保持高效的稳定性呢？你要想一想它背后的供应链和组织体系，想想真的很厉害。

有个朋友因为家里有两个小孩，住在高楼层，这段时间因为不敢用电梯，所以好长时间不敢下楼。我问那买菜怎么办？她说全靠快递送啊。其实应该是生鲜电商吧。所谓的快递、电商实际上支撑了这个城市生活的供应链体系。快递小哥始终在送货，不只是因为他们个个都是英雄，他们当然都很勇敢。但他们不是自发形成的帮助团，他们是这个经过长期演进、孵化的互联网商品流通体系，由深谙人性的算法支撑，维系着这个社会的运行。

这是市场规则的互联网化，是社会运行的算法化，是社会管理的自组织模式。在没有领导发号施令的情况下照常运行。他们经历过压力测试，每一次"双十一"都是电商和物流的一次大考，算法会预测物流的提前走向，可以提前将你想要的商品配置到你家附近的快递站。所以"双十一"最快的单可以在几分钟之内就拿到货，这就是算法的力量。

当然这背后是由巨大的商业力量推动的，也就是那只无形之手。其实进化也是一只无形之手，我也不知道从什么时候开始几乎不用现金了，我也没有想到，记得以前老得去取钱什么的。现在好像有没有现金都没事，只要有手机就行。

社会在飞速地进化，因为我们在车上，所以感受不到它的速度。

通　知

说到手机，它确实是一个伟大的发明。

记得上学的时候最麻烦的就是发通知。因为联系个人特别难，我们学校主张不同系的人住在一起，因此一个宿舍基本没有一个班的。全班40多个人分散在3个宿舍楼的30多间寝室之中。

怎么通知？为了一件事，往往要贴好几个通知，三个宿舍楼一楼的布告栏要各贴一张。然后拿着201卡，先给各个班委打电话，抓到几个就分一下工，每个人串门也好、打电话也好，进行口头通知。每次都一样，真叫层层传达。其实电话也很难打通，晚上的时候很多人都要煲电话粥，给男女朋友打电话，而一个宿舍只有一部电话。

如果要是系里边搞活动，那宣传板就显得很重要，一共没几块宣传板，还要抢着用。如果是举行讲座这种重要活动，还要在食堂、教学楼、全部宿舍楼的布告栏贴满通知，以保证上座率。因为也没有任何其他渠道对这些不特定的多数人进行告知。虽然也有学校的网页，但是用电脑、上网都不方便，大家不可能及时看到。

有了手机之后，传播消息变得方便多了，可以发个短信，告知一些节点人物，比如其他班委、其他班长、其他系主席，再通过他们传播这个消息，效率就高多了。重要的是你能够确定地联系到他，不用费尽周折的等待。只是发多了短信费钱。

尤其是过年的时候，要发好多短信，还有群发短信，要记得提前充手机话费，要不然很容易发没钱了。而且还要提前发，从而可以避开信息拥堵。短信老拥堵，为什么人家微信就不拥堵呢？还不要钱。现在多方便啊，通知一个什么事拉个群就行了。

记得最早有个校内网，后来是人人网，分散的高中同学可以留下共同的记忆，保持联系。现在有了微信群，干啥都在微信群，工作、生活、学习、娱乐都在群里。

这就像当年群发短信一样，大家一般都能看见。因为那时候每条短信几乎都是有用的，因为当时都没有智能手机，更不会有其他社交平台，短信是唯一的信息发布渠道，而且垃圾信息也不多。信息的有效性很强，所以我们的关注度高。

现在的短信地位已经下降了，如果你现在给我发一条短信，我基本是不看的，事实上我都好长时间没有怎么看过短信了。后来我发现我是把短信的提醒功能都关了，根本都得不到提示。而短信基本也没有正经事，很多都是广告、垃圾信息，再就是你根本不认识的人。

如果认识的，基本都加微信了，有免费的微信谁会发短信呢？所以有微信就够了，大家基本不看短信，拜年都用微信。短信基本就成了鸡肋。有个别老同志用微信用得少，着急的时候需要额外给他发个短信，其他基本没有使用价值了。如果可以卸载的话，我会把这个程序卸载了，可是它不是一个APP，卸载不了。

微信确实就是我们日常的通信工具，这与当年的QQ有很大的不同了，因为QQ只是年轻人用，范围有限，当时主要是在电脑上用，只有在用电脑上网的时候才用。而且感觉都没有什么正经事，都是分散在各地的高中同学在用，大学同学只有毕业了才会弄个QQ群，上学的时候反而没有。

这是为什么呢？因为黏性还是不够大，这种黏性是以人身依附程度为准的，就是粘在身上的意思。因为手机上没有QQ群，有事还是要发短信，而且短信后来还可以群发，选择性地群发更有针对性，虽然成本高但是精准、有效，能解决问题。这是QQ解决不了的。

虽然短信也没有额外的作用，但是也没有其他的通信工具与之竞争，所以短信就成了点对点信息传播的唯一渠道，因此它就有了一种工作属性，这在当时是一种垄断性的功能。再加上当时手机越来越普及，每个人都带在身上，短信就成了与每个个体联通的唯一信息渠道。

实际上，这也是手机诞生之初的革命性功能。现在感觉短信没啥用了，当时却是革命性的，某种意义上比打电话效率还要高。垄断性、随身性导致短信当时的用户黏性更强。即使后来手机能上网了，但是由于网速很慢，在很长时间内也没有替代短信的产品出现，我当时还以为短信几乎是不可替代的。

在短信之下，就有短信化的组织模式。虽然可以点对点，甚至选择性群发，但是信息的流通成本很高，不敢老发，尤其是不敢老群发，也不敢有事没事就群发。也就是说交流的频度受到了短信成本的严重限制。

除了男女朋友之间，谁也不可能老互相发短信。即使电信资费一再下调，但套餐内的短信条数也是有限的。只要一过年，短信必然超过套餐的配额，然后费用就很高。所以每年过年充话费，实际上是在充短信，以允许我们在这个节日的氛围中向尽量多的人表达祝福，虽然都已经是模式化的祝福了，但仍然是一种奢侈。

这种奢侈感，限制了信息的传播。当然也影响了人与人交往的紧密度，没有闲聊、冗余信息的交互，又怎么算交往呢，完全是公事公办。

短信下的社交模式，充满了公事公办的意味，当然也惜墨如金，尽量用一条短信表达清楚，而一条短信是有字数限制的，不能长篇大论，当然更不能写文章了，顶多是段子。

所以后来开发的手机报，很多也都是段子，还有少量的新闻。但是因为也能上网，所以也没有太多的价值。尤其是不方便发图片，如果发的话就是彩信，贵得要命。

短信下的信息交流，就是纯干货的文字交流，有事才发短信，没有事一般不发。所以收到短信就意味着有事，就成了一种条件反应。

微　信

微信就与短信有很大的不同。

当然，微信是近十年的产物，有了微信几乎就有了每个人的个人史。之前都叫回忆，因为在那个信息交互昂贵的时代，记录是稀有的。谁会保留二十年前的短信？由于手机存储空间的问题，我们往往不去保留这些通讯信息，而且手机联系人没有经过社交化架构处理，是非常分散的，没有朋友圈的话，过一段时间都不知道谁是谁了。另外你也无法及时跟进他的动态，他换号了你也不知道，所以不联系的手机号几乎是没用的，自然也就没有那么珍惜。

有了微信，就像进入了个人的现代史，很多事即使过去几年了，也还好像就在昨天。因为朋友圈记着，你与朋友的微信聊天记录都存着。很多人已经不用因为存储空间的原因而删除这些记录了。空间不再是问题，除非你有个人的隐私问题或者其他的私人问题，事实上很多人都懒得清理这些。也由此保留了我们自安装微信以来的全部个人历史以及各类微信群，我们的社交纽带以及社交记录统统都在这里。

说到朋友圈，其实是增加用户黏性的关键，这也是与短信的一个重大区别。

其实之前也有微博，也可以发各种图文，但是主要是广场性发布，虽然对重大消息扩散很有帮助，但由于缺少社交属性，与个人的关联度就没有那么紧密。

但是微信的朋友圈有很大的不同。微信是现实社交关系的投影，是强链接，很多联系人都是从手机记录中迁移过来的，而且由于存储扩容，联系人有所增加，导致社交面增加。有一些联系人是通过微信群认识的，或者别人推送过来加的好友，其实很多都没见过，这有点类似于当年的QQ好友了。

实际上，现在微信并不完全是强链接了，而是强链接向弱链接扩张的一个过程，另外还有一个转换的过程。因为你可以看别人的朋友圈，可以看到他们的历史，他们每时每刻的更新，从而对弱链接增加了信任，对那些本来就很熟悉的朋友，你更是在朋友圈中与他们同在，就好像生活在你的身边一样。

通过朋友圈增加了社交的信任度，有点知根知底的感觉吧。而且最重要的是，它成为一个社交舞台，一个展示—关注—回应—旁观的即时无限的社交活动中心。

你发了一张图片，别人就看到了你在干什么，你还会附上文字以表达你当时的感受、心情和思考。通过朋友圈，其他人也可以感受到，有些人只是看到了，有些人还会点赞，对你表示认可，或者仅仅就是告诉你他看到了，而你可以通过他们的点赞看到他们对你的关注。

有些人经常给你点赞，你就能感觉到他对你的关注程度。有些人还会留言，与你进行互动，你可以回复他，然后你俩就互动开了。有些人真的很喜欢在朋友圈下边互动，毫不在意隐私。可能他们也知道别人可以看得见，也许他们就是想让别人看见他们的互动呢。是的，作为共同的微信好友，我们可以看到他们的互动。而如果一方不是你的好友，你就看不到这种互动。

微信以是否建立联系而对朋友圈的公开性进行授权。实际上，这就造成了一种围观的效果，你不仅可以与朋友互动，而且还可以看到你点赞或者互动之后那条朋友圈的所有互动。因为你关注了，系统默认你对这条关注所衍生出的所有关注都可能感兴趣，所以都会提醒你关注。即使你没有对特定的朋友圈图文进行互动，只要是好友就都可以看到所有的互动，只是系统没有提醒你而已。因为你没关注这条信息，系统就以为你对后续也不感兴趣。系统是根据你的意愿表达而默认你的关注程度的，就像它很懂你。

其实这只是算法，只是非常精细化地理解了人与人之间的交往方式。让你感觉这一切都非常自然，好像本该如此，这个"本该如此"就是人性化的算法提炼，这是非常厉害的，是无形之中发挥作用。当然，它也不是一步到位的，也是经过不断打磨的结果。

我还看到很多人一边开车一边发朋友圈，当然这是非常危险的，这几年电视上经常批评的低头族很多其实就是在刷朋友圈。但是现在刷的可能是抖音了，这是后话。

朋友圈在很大程度上增加了用户黏性，以至于人均上网时间都大幅度提升，当然也有很多其他应用软件的功劳，但是微信的朋友圈是最具有代表性的。

其实你说那个朋友圈，能有啥意思？不就是这个人去哪了，吃什么好吃的了，去哪玩了，心情好了，心情不好了，感慨生活了，晒爱情，晒娃，晒成就，晒悲惨，晒奇遇，逗闷子吗？

朋友圈的秘密武器有几个，其中一个就是有图。刚开始好像只能发完图再发文字，仅发图也行，反正要有图，后来才允许只发文字，但必须长按才能发出来，所以基本还是发图，后来还允许发十秒钟视频。与短信相比这是一个重大的跃迁，因为短信基本只有文字，微信不仅可以给朋友发语音、发图片，还可以在朋友圈发图片广而告之。这就使得社交变得绚烂起来，当然这也是与手机照相功能的普及以及网络带宽提速有关。

而且与微博不同的是，这是一个强黏性的社区，人都有炫耀的心理，希望身边人看到自己光鲜的一面，所谓"富贵不还乡，如锦衣夜行"。人也有猎奇的心理，希望窥探别人的隐私，朋友圈满足了这些功能。以图片为媒，通过朋友圈这个展示—关注—回应—旁观的社交规则，人与人之间展开互动。

为什么总是要刷朋友圈？因为朋友圈的展示顺序就是时间顺序，你不确定谁又发了朋友圈，你希望第一时间了解到，就像你喜欢看直播一样，你希望第一时间知道结果，这是一种不确定感所带来的愉悦。不确定谁会发，不确定谁会发什么，你发了也不确定谁会点赞、谁会留言，甚至你给别人点赞、留言之后，也不确定谁会再点赞、再留言，发朋友圈的人有没有对你的留言进行回复……这些都是你想知道的。你这一秒知道了这个朋友圈界面，下一秒就会期待新的社交情景的发生，朋友圈无时无刻不再生长，几乎是永无止境的。

这种不确定性，挑逗着你的好奇心。

朋友圈是所有人个人史的堆砌，而你希望目睹整个过程。你希望看到别人的人生直播。这当然要耗费巨大的精力，但是也带来很多的趣味，甚至成就感，你灿烂的笑容被人赞美，你孩子的微小成就得到很多人的鼓励，你跑了马拉松或者完成了一项目难度大的工作会得到无数人的称赞。甚至你跑马拉松其实就是为了发一个朋友圈赢得别人的称赞。现在跑马加油都是这么加的，"还有十公里就可以发朋友圈了"，然后就有了动力。

你在朋友圈里可以收获同类的认可和关注，而所谓荣誉感就是同类的认可，你在这里可以找到荣誉感、成就感和存在感，而这也是人作为社交动物的天性使然。

总有些理性的人会指出问题，说这一切非常虚幻，浪费了人们很多的时间，是无意义的，简直是一种网络瘾癖。因为这些批评，微信后来又改良了，增加了一个公众号的功能。就是通过后台的简单编辑可以形成一些有编辑感的图文，有些更高级的操作还有动图、视频等，但主要是图文。感觉很像各种各样的报纸、期刊的网络版。但是他们不再是一些个人隐私，而是带有一定的公众属性，有资讯、有情感，还有严肃的学术讨论。但是发表门槛要比报纸期刊低多了。

每个人都可以成为一个自媒体，也就是自己办的媒体，很多公众号就是一个人干，也不一定是原创，改编、转载也是可以的。这就在一定程度上缓解了专家对朋友圈的批评，因为这里边也有内容了，不都是自恋和闲扯淡。

公众号相比于传统媒体有很大的不同，从组织模式上讲，它是个人化的，所以几乎没有什么管理层级，一个人就能决定，这就比纸媒扁平化很多，只要这个号的运营者同意，就可以发，无须太多的审批审核。因此更加灵活，效率更高。有时候我在午夜投稿，第二天早上 6 点就发出来了，我都不知道是什么时候编的。

以往给一些报纸期刊投稿，因为没有职务头衔或者学术地位，一般很难发表，即使发表了周期也很长，报纸都要个把月，期刊得一年半载，感觉遥遥无期。写了一篇又一篇而石沉大海之后，你会很难有动力再写东西。但是已经发表的内容又感觉陈腐老旧，也不想看，这也是为什么网络内容包括微信朋友圈能够吸引大量关注度的原因。大家希望看到自己感兴趣的东西。

而公众号将发表门槛降得很低，每个人都可以办号，每个人都可以发表。即使是一些大号，因为每天都要更新，而且还有竞争机制，对好的内容也是求贤若渴。在这里，传统话语体系中的身份地位变得不是那么有用了。当然，他们也可以发，但是因为版面没有限制，还有很多空间可以留给其他人。只要你写的文章受欢迎就够了，英雄不再问出处，话语权重回战国时代。

这是比拼阅读量的市场化竞争机制所带来的结果，每一次阅读点击都是微信用户自愿完成的，不管什么文章、在什么平台发表的，你都可以选择不点击。用户拥有阅读内容的选择权。而在看到好的内容之后，你还可以选择转发朋友圈、微信群，以表达对内容的认可，在转发时还可以写一些评论，你的好友看到你转发，就意味着你已经对这个内容做了一次背书，就增加了一份信任和兴趣。尤其是这个人一向比较靠谱，或者他在某一个领域内比较专业，那么他推荐的文章一定要看，也一定比较靠谱。

这就是一次社交推荐，就像你买东西，如果是朋友推荐的，往往比广告推荐的还好使，这是社交中的信任属性决定的。后来微信也果然顺势又开发了微商功能。在将一篇文章转发到朋友圈的时候，我们也会在心里掂量一下的。当然，每个人的认知能力、人格特质都不同，所以即使掂量了，那些不靠谱的人，还是不靠谱。不过对这些人你可以选择不看他们的朋友圈，就可以屏蔽这些无用信息。你既可以选择不看那些人的朋友圈，也可以选择不让那些人看你的朋友圈，甚至在转发一条朋友圈的时候可以进行选择性操作，这叫分组。总之你有社交信息的过滤选择权，这实际上是一种社交自由吧，微信通过算法的方式确保了你的社交自由。

这种社交自由在自媒体文章的传播上就表现为阅读自由、转发自由、评论自由和关注自由。这实际上就是自媒体内容市场的流通自由，从而造就了自媒体行业充分的市场化竞争。在这种竞争中，传统媒体的权威受到挑战，用户通过用脚投票的方式，降低了这些媒体的关注度和文章的阅读量，反而增加了一些自媒体的关注度和阅读量。上百万用户的一批大号在各行各业的自媒体中崛起，成为新的信息导向、舆论导向和知识导向，甚至价值观导向。

由是，涌现了一些所谓的网红作者，这些作者往往是在传统媒体中没有话语权的人，他们欠缺在传统媒体上发文的身份资质，语言表达也不是十分符合传统媒体严肃的规范要求，内容也不主流，入不了编辑的法眼，主要有些太有锋芒，让编辑很担心"安全性"问题。但是他们都有表达的欲望，自媒体给了他们出口，虽然很多时候根本没有稿费，但是其实只要能发表就是对作者最大的激励。即使这些发表也很难算绩效考核或者学术成果，但是它能实实在在地让人看到，甚至刷屏，能够实实在在地对别人产生影响，这是最有价值的，所形成的影响力也是实实在在的。这其实是发表的本质。

如果你更看重这些实质的东西，那么发表的介质就无所谓了。反倒是，很多在纸媒发表的文章却没被人看过，有些直到在自媒体转发才能产生影响。这些海量的关注度，这些真实的影响力，这些更加自由公平的发表、传播方式，激发了很多的表达欲望，再加上微信创造了打赏功能，更是在天才之火上又加上了利益之油。

自媒体如雨后春笋一样冒出，有些人甚至以此为业，以此创业，公众号文章后边还可以加挂广告、加电商链接，利益之油将内容产出之火越浇越旺，一下子冒出那么多公众号，那么多文章，而且很多文章还很有水平，因为竞争越来越激烈了，文章不好根本转不出来。

以前朋友圈发的都是图片，现在大多是公众号文章。现在，除了官方的疫情发布，也有自媒体对疫情信息的再加工，再整理，对疫情的反思，对平庸管理者的批评，对逆行者的歌颂，对李医生的缅怀纪念，有的已经很专业了、很深刻了，有的虽然没有那么专业但是非常真实，虽然有些也有标题党、口水文章，但是公众有自己的鉴别力。

很多时候，这里有真正有价值的信息和观点，甚至对社会问题的挖掘都是自媒体走到了前边，是社交自由、阅读自由的市场化传播法则，将公众自己需要的信息推到了自己眼前。你看到那些刷屏的信息，很多时候真是感动过、影响过你以及千千万万人的。

就在写这本书的时候还是这样，打开手机先看看朋友圈大概有什么，主要关注的公众号有什么信息，如此而已。这些都极大增强了微信的用户黏性。这也是微信逐渐取代短信的原因。

因为高度关注，因为经常使用，所以总是开着，总是可以看到里边的信息。这也是现在为什么发微信可以发挥通知的作用，发短信有时候反而不能。

在微信群里可以处理群体社交信息，因为有提醒功能，因为你知道是在找你。无论是同车厢的微信群，还是工作微信群，都是我们与这个社会的纽带。因为有朋友圈的关注拴着你，几乎全部的社交信息绑定着，你与之须臾无法分割。从而创造了一个即时连接、人人在线，突破时空的信息沟通渠道。

政府其实也认识到了这个问题，所以几乎所有的官方单位都开有公众号，叫官微，用以发布信息，建立与公众的链接。但是遗憾的是，很多官微的用户不太多，阅读量也不大，没有发挥出其希望发挥的作用。微博的情况也类似。只有在发布自媒体不太掌握的权威信息，尤其是与民生关联度比较高的信息的时候才会有比较多的转发。这是一种尴尬的局面，但这是一种真实的状态。这是社交属性的本质决定的，也是真实影响力法则决定的，如果看了就是真的看了，是真的影响力，如果点击率不高就是真的不高，也是真实的法则。

因为可以选择，影响是用户自主接受的，所以效果才真实。造成这种尴尬局面的原因也很简单，就是官微虽然进行了某种程度的新媒体化改造，但是仍然没有摆脱传统媒体的运行模式，那就是高企的发表门槛、烦琐的审批流程、纸媒化的语言表达、高度受限的内容范围。它背后仍然是一种传统管理思维，仍然是新瓶装旧酒，这种管理思维导致媒体寻人的方式与17年前没有根本变化。这是一种技术发展水平与管理理念的错位。

事实上，企业，尤其是互联网平台型的企业已经进化出了与技术水平相适应的管理模式。我记得，阿里的组织模式就颠覆了好多次，腾讯拥有非常著名的赛马模式，华为有自己的基本法，就连海尔都扁平化了。而这些互联网平台也提供了一种自组织的框架，帮助社会进行自组织的改造。比如我们每个人都可以随意建群，成为群主，升级为一个小组织的节点，发布消息。进行基本的信息传递与互动。可以自己建立公众号、开微博，向社会传递自己的声音，可以收获关注，也就是流量，随之而来的是影响力以及经济利益的回报，每个人都可以投身到这个内容创造之中。也从而为微信提供了更多的可以转发、分享的内容，并成为不断生长的朋友圈的一部分，进而增加黏性，增加使用频率，从而使用户更经常地使用微信作为信息交互的工具。所以，微信就是一个典型的自组织平台。它里边的内容是空的，都是我们自己给它填满的。

但是我们却以为内容是它赋予的，其实微信只是赋予了人们不断填充内容的机制，并不断改良这个机制，激发你的主动性和活力，形成竞争和利益驱动，让我们不仅愿意创造内容，而且还要不断提升质量。比如公众号现在改变了发布展示方式，让二条内容也可以在第一时间被看见，让更多的内容可以被第一时间看到，从而为创造性增加了更多的展示机会，让机会变多了。这就是维系自组织运行的算法。

通过这些算法，我们自然而然地成功组织在一起，好像每个人都在线。微信创造了一种几乎每个人都在线、每个人都可以成为节点、每个人都可以方便快捷地进行单点、多点交互性全媒介传播的渠道，文字、图片、视频通话都可以，而且可以跨越地域与国界，费用却趋近于零。以前我们长途、跨境的资费多贵啊。

微信既是一种本身以自组织架构运行的平台，也通过其自身自组织的算法涡轮，为社会提供了一种自组织的运行架构。我们都知道，很多小组织，小企业、单位的部门、同学会、兴趣小组、跑团、家长、作者，甚至各级领导层也有自己的微信群，无数个需要互联互通的，短期或长期的，稳定的或不稳定的，人多还是人少的，500人以下的小组织都可以借此进行组织联络。微信还承担了资金往来的金融功能，所以在这里几乎可以干一切事。

微信群自组织还有一个重要的方面，那就是相互组织，很多时候不用群主说话，大家你一言我一语就解决了，这种情况想必大家都见过吧。其实我就是这样一个群主，有些群没有那么多时间管，但是大家也都好好的。其实高手在民间，很多人的问题，很多时候其他人几乎都能解决。只是有时候为了感谢要发了一个红包。我就在一些微信群提了一句，人家帮你解决问题，你得表示一下。某种意义上这成了一条利益激励机制，大家都更愿意相互帮助了。

而且最重要的是，即使那些不说话的，也就是"潜水"的人，也并不意味着什么都不知道，有时候他们洞若观火，别人的问题有些就是他们自己想问的，别人的答案也是他们想知道的。他一言不发最后就全都知道了，多好。这也是自组织的一个重要原理，交互信息相互可见，避免信息冗余。

原来你要跟十个人解答十次，现在你只要在群里解答一次两次，大家就全都知道了。有人再问的话大家都会烦，有人就会告诉他，这个问题问过了，有答案，你自己先看一下。还有的可能不是问题，只是一个小提示、小警告，如果真的很重要，大家就会讨论开来，从而强化这个信号。甚至会将这个信号截屏，从而通过朋友圈、微博以及其他微信群进行传播。

很多警示信息，都是通过这种方式传播的。有时候官方定论，我们管它叫"小道消息"，因为它不是官方发布的消息，不是从大道上来的，所以就是小道。言下之意就是不专业、不权威、不准确。其实准确地说，这只是消息的自组织传播。

不专业是因为很多时候信息是原生态的，发布者根本就没有时间加工，一段聊天记录能编辑得有多专业呢？确实也不是官方渠道，但是等官方渠道发布，很多时候就晚了。不准确倒不一定，虽然是原生态的，但可能却是最真实的信息。而且在小范围社群传播的时候，就包含了社交信任属性，至少在那个群里是高度可信的。那个群里的人认为其高度可信，高度有价值，而且非常紧迫，才会第一时间在其他社群中进行再传播，每一次传播也都包含了信任和关切，不管最终是否准确，之所以能够传播正是因为你认为信息可靠。

而且传播的多次经验也证明了，这些所谓的小道消息在很多时候的准确性，至少在准确性的概率上很多时候并不比官方消息低。而且最重要的是我们自己也有鉴别力，同样的小道消息也要看是谁发布的，谁传给你的。他的公信力和专业水平实际上就是在给这些小道消息背书。

我们相信这条信息所蕴含的内容，是通过本身的信息和传播的方式、途径和频率综合判断得来的，比如刷屏了，我们一般不得不重视，不可能别人都是傻子吧，这就是我们的常识。典型案例就是《疫苗之王》这篇文章，是这篇文章撬动了这么大一个案件的查处。官方之前也没有这样的报道。

官方消息自然是相对专业的，但是它的权威性往往受到官僚主义和形式主义的损耗，导致其滞后、失真。有些专家的发言也会打脸，虽然有专业能力在，但有时不敢说真话，人格存疑。只有少数专家可以获得公众的真正信任。

我们不仅相信他的专业，也相信他的人品，这两者构成了极大的公信力。本质上与朋友圈里的信任关系是一样的，只是范围和程度不同。我们知道他是一个负责任的人，他不会乱说。在以后的信息的传播中，只要加上这个人的名字，我们就要多看一眼，他的信任度就会提高。

事实上，对一个人和对一个平台的信任规律是一样的，其中都包含了人格化的成分，我们首先要看是谁说的，就像识别商品的品牌一样。

这是人类进化的一个规律，因为社会越来越复杂，信息越来越专业，有很多信息我们根本就看不懂，自然也就不具备那么多的识别能力。但是我们了解人性，我们只是知道有些人是靠谱的，信他就够了。他也不是百分之百对，但是对的概率更高一些，我们受骗的概率也低一些，这样就让生活变得简单了一些。提高了对信息的辨识率。

因此，信任是传播的基础，是自组织的基石。

自组织的尺度和演进

微信群可以支撑小规模的自组织效应，微信群与微信群叠加可以使自组织能力翻倍升级，也就是扩大了自组织的尺度。虽然时效性、直接性和亲历性有了，但是缺点仍然是精确化不足。比如两亿人同时在家办公怎么办？企业微信和钉钉分别在腾讯云和阿里云的支持下进行了成倍扩容，保证上亿人通过视频会议、协同办公等稳定的远程自组织方式顺利工作。

说到自组织的规模，滴滴就是规模超大的一个自组织体，可以调动一个城市，乃至全国的出行协同，这里边涉及订单、路线、调度、人员管理、培训、监督、用户评价、安全保障、支付、客服等一系列的组织运行，而这些海量的数据匹配几乎都是自组织进行的，因为它已经超越了人的处理能力。

说到滴滴，我们不得不说说这个大规模自组织体是如何解决城市的交通出行问题的。

打车难几乎是困扰北京以及其他城市的顽疾，各种访谈、分析、调研最终几乎是无解的。一方面是强烈的出行需求，另一方面是司机拉不到活、不挣钱，还有经常被抱怨的服务态度问题。从本质上来说是一种海量不确定性需求的即时匹配问题。

你在路边等车，车在路上找你，只能靠冥冥中偶然的相遇，或者凭着司机的经验扫路，或者有经验的乘客到路口等车，这都有很大的不确定性。这种相互瞎找耗费了很多的时间和精力。加之出租车行业整体的运行成本过高，最后就只能是交通节点好打车，其他稍微偏僻的地方很难打车，郊区就更难了，这就使"黑车"填补了一些空白，但是成本更高，安全性更低，服务品质更是难以保障。其实当时出租车的服务品质也好不到哪里去，因为投诉机制不畅通，也没有服务评价规则的约束，都是一锤子买卖，凭良心干活儿。自觉性是不可靠的，这是根本性的问题。

随着城市规模的扩大，经济的发展，消费承受能力的提高，出行的需求是海量的。随着电商、移动支付、电子地图等技术的成熟，以滴滴为代表的网约车模式开始运行。网约的表面意思是说从网上叫车，改变了传统线下拦车的模式。其真正的变革是将出租车和乘客纳入了一个整体而进行自组织。

以前他们从来不是一个整体，只是分散的个体，如果坐车就有关系，不坐车就没有关系。网约车完全不同，只要用这个软件就永远有关，出租车以及以后衍生的快车、专车都要受到积分规则的约束，这个积分与你的接单量和服务态度有关，并会影响派单的质量。从此出租车开始关注服务态度，乘客也一样不能随意取消派单，无故取消也会被扣减信用值，影响对软件的使用。而支付也是通过平台进行的，所以滴滴成了大老板。

但是滴滴真正的属性是一个自组织体，它的背后其实是一套非常复杂的算法，用以调度、规范、规划、确保出行服务和行为，实现路线最优、匹配最佳、鼓励好司机、鞭策差司机这样的功能。它通过系统化的出行最优解来收取中间费用。我曾经称它为规则使用税（《公共道德养成的价值》，见拙作《检察再出发》）。它卖的其实是规则使用权，你只要用它就要遵守这个规则，而你知道出租车也会遵守这个规则，这个规则会给你带来确定性的出行产品。滴滴的价值来自之前分散运行的服务品质差。

它就是一套大规模的自组织系统，创造了更高的效率和效益，并且延展出更多出行服务品类，将专车、快车纳入其中，弥补出租车运力的不足，并在内部也实现竞争。当然有人会抱怨算法公正性的问题，这是另一个问题。另外，滴滴还将定制公交、大巴、代驾也都纳入其中，其实都是规则使用税。现在又延伸到共享单车，把原来的小蓝单车收入进来，这就解决了"最后一公里"的问题，创造了广泛的出行服务体系。其实就是付费出行自组织体系。

而这种自组织当然是网络化的，否则无法完成，最后你会发现现代的自组织体系，几乎都是网络化的，都要以现代的信息技术的进步为前提。而且随着通信、信息、人工智能、大数据等技术的不断创新发展，这些自组织体还会不断叠加，形成更为便捷高效的自组织样态。这次疫情的直接影响就是救活了生鲜电商，当然还促进了网上办公、网上教育、远程协同、远程医疗、知识电商等一系列网络服务企业的发展。实现了人类生活向网络的进一步迁移，并将进一步促进自组织模式的发展。

这种自组织模式，政府为什么并不擅长？就以共享单车为例。很多城市政府都认为这是一种绿色出行的好方式，对于节能减排、解决城市拥堵有很多好处。因此很多也进行了尝试，在地铁出口等重要枢纽设置整齐的共享自行车车架，在指定地点还车、取车，在特定地点办理手续就可以用车了，当然要交一两百元的押金，从使用费用来讲，也不比现在的共享单车贵多少。当然，这里面政府是提供了大量补贴的，而且为共享单车提供的停放地点都是最好的地段，而且是免费的，直到现在很多还占据在那里。

这么高的投入，不能说没有诚意。为什么用户没有买账呢？因为这里面没有考虑便利性问题，还是一种线性思维。放在地铁旁边的架子是很好看的，从城市管理上也显得很整齐。但是从地铁出来，骑车不是为了上班、回家或者办事去吗？但是这些地方都无法还车，而您这个固定地点还车就把出行限制死了。还车的地点又非常有限，都是大的交通节点，很多时候都是在地铁站旁，这就失去意义了。我要是从一个地铁站到另一个地铁站，那坐地铁不就行了么，还骑车干吗？你这个本来就是为了解决"最后一公里"的问题，但你没有触及真正的神经末梢，共享单车确实是一种真解决，但你这套解决方案是一种伪解决。

我看唯一有可能使用的就是游客吧，骑车逛逛胡同，然后再回来。但是问题是，这个共享单车卡在城市之间还不能通用。为了骑个车，还专门要找地方办手续，还不够麻烦的。如果没有替代品也就算了，但与商业化的共享单车一比，就显出差距来了。

人家是无固定桩的，停哪都行，后来也慢慢规范了，但基本需求解决了。上班从自己家旁边找一辆车，到了地铁旁边一放，出地铁站再骑回来。不必然是同一辆车，但是这种使用潮汐，就由用户自己通过停放的方式体现出来了，不用过多的人为干预。其实你看见的搬运共享单车的行为，往往是由于周末、节日、季节、损耗等方式的系统校正行为。也就是说虽然我们称其为自组织，但并不意味人就不管了，不是完全意义上的自我运行，但基础活动是用户和系统自我运行的结果，人为的干预主要是校正、优化算法和维护工作。

但是这个自组织系统的运行效率远高于政府提供的单车系统，并且最终能做大，扩展到全国，甚至走向国际，提供了海量的服务，甚至通过规模化的运行还能够获得利润，并且通过与其他互联网平台的有机结合，成为更为庞大的社会自组织体的一部分。他们是怎么做到的？实际上，这就是组织模式的差异而已。

一个仍然是传统的金字塔式的组织架构，线性的运行思维，不从需求端考虑问题，只是从供给端考虑问题，没有将用户纳入运行系统中来，在给他们提供方便的时候，让他们也出了一份力，认为管理只是管，只是规范、整齐，没有放手让用户自己管自己，耗费了很大的成本而用户却不买账。

而且没有充分使用网络技术建立一套算法进行方便的自我运行。移动桩说起来简单，其实它蕴含着很高的科技含量，以摩拜单车为例，基础架构是全铝车身、免充气车胎、轴传动最大限度地减少维护成本，同时每辆车都要有 GPS 定位装置以确定车辆轨迹位置，无线移动通信装置建立手机与车的关联，从而可以开锁。这些还需要有电池，因为更换电池的成本太高，必须配置自我发电装置，一开始是发电鼓，后来还有太阳能电池板。这些成本要比政府提供的单车单价成本要高很多，但是只有这样才能解决无固定桩的停车问题，为自组织系统提供了基础硬件。应该说这个硬件的成本更高，但它通过尽量自组织化和规模效应可以极大地降低人工成本和运营成本。

无论是滴滴还是摩拜，这些自组织的商业平台只要做通了模式以后，那真是赢者通吃，可以实现全国市场的占领。这是地方政府，或者出租车公司无法实现的。目前的互联网自组织平台都是如此，虽然在惨烈的竞争中要付出很多代价，往往还需要进行大量的用户补贴，但是一旦实现超大规模效应之后，这些成本就会直线下降。因为这就是自组织的巨大优势。它的管理是算法，而不是人直接进行管理。严格地说是人通过不断调整算法进行管理，但人不再承担基础的管理职能，因为在这个领域，人没有算法做得好，而且人更贵。

自组织的管理思维其实是进化的产物。因为生态系统就是一个自组织的系统，物种的演化就是依据这个规则，在没有外力干涉的情况下可以自我运行，并且生机勃勃。而且据说智人战胜尼安德特人的主要因素就是人类的语言能力更强，可以进行更大群落的协同。从而发挥了更大协同效能。企业也好、组织也好，都是看能否充分运用技术进行更加高效的协同，自组织就是一个更高效的协同模式。而且从这二十年的社会演化史来看，整个社会也是以更加自组织的模式运行的。只是自组织的层次不同、类型不同，满足的社会需求也不同，现在的趋势是自组织的尺度越来越大、自组织系统之间的组合嵌套也越来越复杂、对社会生活的影响也越来越深。现在的社会发展趋势是更加的互联网化，从更深层次来说其实是社会更加的自组织化，也就是人类的协同能力进一步升级了，这其实就是进化的加速。

不 惑 之 惑

都说四十不惑，但我感觉其实好像是疑惑的开始。

尤其需要思考的是，自己会成为什么样的人的时候。

二三十岁的时候，觉得这些都是很远的事，人生还有很多可能性，不用想这么多。

但是四十岁之后，却是不得不面对的事情，可能性没那么多了。

为什么四十岁之前辞职的特别多呢，就是因为他们还想要实现不同的可能性。

所以四十岁是一个坎儿，是一个人生可能性的坎儿。如果 40 ~ 50 岁这十年荒废了，那人生也就基本荒废了。之后的可能性会降低，不是完全没有新的可能，但是会比年轻的时候低很多。

所以四十岁最重要的是找准一个航向，这个航向不是大的航向，因为通过职业选择已经完成了，工作经历也有一些了，不是完全的从零开始。而是要选择具体的努力方向，特定的项目，特别的领域深耕下去。

就像写文章一样，不管你原来沉淀了多长时间，这是一个需要确定题目和落笔的时间。

如果你还没有动笔的话，你的文章可能就不能及时交稿了，或者不能从容地展开了，这也必然损害文章的质量。

1. 对方向不再轻易怀疑

虽然没有了大把的青春可以挥洒，但并不意味着我们就时日无多。只能说人生的巅峰状态不可能维持很长时间，我们必须将这个最好的时间放在最有意义的项目上，才会使其发挥最大的效用。

作为中年人最应该知道的是，急不得。即使你找准了方向扑上去，也不会马上产生效果。越是重要的成就越是需要持久的努力。

重要的是，我们要学会确信这个努力的方向，把四十年所积累的经验和知识储备都投放到一项具体的工作中，才能发挥最大的能量。然后持续地投入，等待时间来发酵。

时间是我们的朋友，但是如果不珍惜的话，友谊的小船也是说翻就翻的。

我们没有时间漫无目的地游荡和发呆，我们需要找到具体的事儿来做。

而我们的人生就是通过这些事儿来塑造的，尤其是这十年所做的事儿。因为这很可能是你人生最重要的事儿，最能干出成绩的事儿。而这些事儿，决定了你会成为什么样的人。

如果说是四十岁之前还可以大量的折腾，也就是寻找方向，但四十岁之后最好就是赶紧定下一个方向，努力去做。

因为时间不会等待选择恐惧症和拖延症，时间在四十岁之后尤其过得快。不是因为真的变得快，而是你会感觉到黄金时间窗口的流逝。

四十不是不惑，而是不应轻易疑惑，是对自己选定方向的不再迟疑，要限定发散的思维，开始将精力聚焦。

2. 相信时间的力量

我们都知道积少成多的道理，但是这其实仍然是一种线性思维的概念。时间的力量远远不止于积少成多。

首先，量变会产生质变，这就不是数量意义的变化，而质变之后才能在新的层级累积新的量变，才有迭代质变的可能。

其次，外在的累积是通过内在的努力实现的，而在努力积累外部影响的同时，内在的人格也实现了进化。而人的进化将为你获得超越同类的判断力、思考力和行动力，也会进一步提升你对外部事物的影响能力。成为一种影响变化的变化力量。也就是会获得改变人生的力量之源。这也是为什么，中年会成为人生的分野，人与人的差异会变大的原因。

再次，外部的累积将拓宽你的社会网络，也就是人生的宽度。我们都说有的人生很短，但是他的生命很宽，说的就是这个生命宽度。有的人还在迷茫，迷失在自我的迷宫。而有的人开始可以影响别人，可以传播一些观念，而这些还可以让其他人不再迷茫，并帮助传播这些理念，这就产生了一个涟漪效应。这些影响就像一个社会网络。你的影响越大，别人就越是愿意接受，受众就越多。而你做的每一次努力，都不再仅仅是个人的成长，而是这个社会网络的集体成长，以及社会网络的边际扩展。甚至即使你的生命终结，但是基于思想织就的网络仍然会存在，因为观念有自己的能量。而这个用生命织就的网络，也是一种人生的延续。

而那些看似美好的东西，能够真的发挥点效用的东西，能够真的留下点什么的东西，都需要时间的积累。你用四十年铺就的其实就是你做事的起点，做一些具体事情的起点。只有沿着这个轨迹，在一些细小的领域上发力，才会产生一些真正的变化。

有人说人有两种类型，一种是狐狸型，一种是刺猬型。狐狸有很多知，而刺猬有一大知。我觉得用它比喻人生，也是对的。

四十岁之前，我们可以有很多知，但四十岁之后我们应该知道一大知。我们要知道人生的有限性，我们不可能做成所有想做的事，我们只能选择那些最重要的事情把它做好。

在这里不惑的意思在于选择，我们要学会选择和取舍。要把前边积累的力量，探索的这些未知和兴趣，集中在一个点上发力。

你可以仍然保有很多兴趣，或者说你的兴趣就是多知多闻，就是不要特定的一个点，但其实这也是一种特定的努力类型，那就是杂家。而杂家也不是真正意义上的杂乱无章，它也是一种知识类型的发散兴趣，并尽量找到杂乱无章之间的内在联系，这也是一种特定的知识工作。

不管我们是否承认，我们的人生战线都在收缩。我们有了家庭并且会努力让它保持稳定。我们有了孩子，会期盼他们平平安安，我们有了事业，会尽量尝试深耕。我们有了兴趣，会不断累积这个兴趣。不会有那么多新的可能性，即使你要换一个工作，也很难脱离以往的职业背景，因为这些已经塑造了你。

而且你人生的所有经历都是你的财富，都是你的比较优势，这些是需要你充分利用的。

比如很多同事辞职，但还是吃法律这碗饭，无论是律师、法务，还是公司的审计，都很难超越自己的职业边界，即使到了互联网企业也还是在干与法律相关的工作。

因为一个残酷的现实就是你的可能性降低了。

这是因为过往的经历既是优势也是我们选择的限制。我们不可能完全突破这种限制，只能利用好这层优势。通过时间的累积，慢慢发酵。

这种累积不是以往发展路径的简单延续，应该是真正聚焦自己的兴趣、优势，并与社会的整体发展契合，能够真正满足社会的真实需求，在实现社会价值的同时才会收获个人价值。

但收获的前提就是持续而不间断的耕耘，在一个领域的精耕细作，相信自己的选择，相信时间的力量。

3. 在有限中创造无限的可能

虽然说选择受限，可能性降低，这也只是意味着漫无边际的探索接近尾声，不要再向无限的宇宙中探索无限的可能性。事实上，在一个极小的领域里也有着无限的可能性。正所谓，一花一世界。

而在这个领域中，我们获得某种发现的概率会增加，成功率会提高。

也就是中年的人生要学会做减法，就像在一个房子住久了，你就必须要学会清理，只留下那些真正有用的东西，才能够让新的东西进来，因为空间是有限的。

对人生来说，时间是有限的。对于大多数人来说，真正能做成的事情，只有几件，现在就是要选择一件能够做成的事，并把它一直做下去。

在做这件事的时候，我们也会发现一个广阔的空间，也有很多种可能性供我们选择。同样做一件事，很多人也会取得不一样的成就。这同样也是人生的丰富性，而且是现实的丰富性。

如果我们轻易更换赛道，实际上会错过一条赛道的不同风景，浪费探索发现细节的时间和精力。

而对这些细节的洞察，这些微观层面的选择和建构，正是实质创造性的源泉。

人生从来不是"大概齐"过一遍，而只有认真地活过，才会体会到真正的滋味，才能叫真正活过。

也只有立足于点的创造，才能击穿前人累积的知识壁垒，这就叫一根针捅破天。而当你拥有了自己的一根针，才能编织自己的社会网络，拓宽人生的宽度和广度，才能实现某种意义上的永恒价值。

所谓的四十不惑，只不过是知道人生有所为，有所不为的边界，看到自己的局限，从局限中看到无限可能的某种洞察力，并对这种洞察力深信不疑。

认 知 契 机

人类对事物的认识需要契机，这其实也是人的成长规律。为了探寻认知的规律，我很注意观察我儿子的成长过程，我知道达尔文也这样干过。这也十分有用，因为一切都是极为真实的反映。真实的数据即使少，也比海量而不真实的数据有价值。

即使在孩子任性的时候，不听话的时候，我也会对意识的独立性和创造性感到十分震惊，即使年龄再小，他也是一个独立的人格，虽然继承了我的基因，但是与我并不相同，而且作出的行为表现往往也会出人意表。像我又不是我，是一个完全独立的存在，有联系但并不可控，亲近但又无法看透，这就是生命的本质吧。

1. 看书

我爱看书，我爱人不爱看书，但我们有一个共识，就是看书对孩子有好处。因此，我们很早就期望培养出孩子对书籍的兴趣。在爱人怀孕的时候我就通过读书进行胎教，记得大概读过七八本，印象很深的是有一天下午整整读了一本许倬云，还读过一些散文什么的，到底有什么书也记不清了。

孩子生下来还刚会爬的时候，我就给他拿一些绘本看，不过好像他不是十分感兴趣，最初的十几本几米漫画都被撕掉了，然后我爱人又粘上了，粘上之后又撕掉，然后再粘。

据此，我爱人认为孩子可能不爱看书，但我还是不死心，我就从小读库、得到以及其他一些推荐童书的平台买书，也通过亚马逊和当当来检索。

最初买的几十本书中终于慢慢有一些他喜欢看的了，主要还是让妈妈讲，记得《熊爸爸不怕》这本他好像很喜欢。

他喜欢的书就反复让你讲，其他的书就不太看，这可能是孩子的天性吧。他会自己找到自己兴趣点，并不是十分在意你的推荐。记得很早他就会说"不要"这个词，他好像是通过拒绝进行反向筛选的。

虽说一般小孩都是会反复看一本书，但我的孩子格外的执着，会反复让大人念一本书达几十遍到上百遍，他对感兴趣的事物有着强烈的认知倾向，对其他不感兴趣的则碰都不碰。

这种专一劲可以让他注意力比较集中，但是就是怕兴趣和视野容易变窄，有时候感觉也太窄了。早期的时候喜欢汽车、火车，就全是汽车、火车，就只去汽车博物馆和火车博物馆，去了能有十几次也不厌烦。

由于孩子看的书很有限，所以我爱人就不让我买新书，觉得买了也浪费。但是我顶住了压力，看到孩子应该看的书还是要买回来。但是真是"上赶子不是买卖"，我主动送的书他不一定感兴趣，往往买了十几本书才会有一两本感兴趣。但即使如此，我感觉也是值得的。

事实证明买回来的书最后有80%都看了，只不过是或迟或早的问题，对这个过程要有耐心，更要抓住认知契机。

2. 从火车、汽车到变形金刚

一开始就像是盲选，但是只要对一本书或者一个东西感兴趣那就好了，就顺着着链条来就行了。

比如最开始感兴趣的是火车，然后才是汽车。因为他感觉火车更庞大，更有力量，即使是汽车也更喜欢工程车。因此我就买了这一类的很多书，从一般性的介绍，到各种火车类型，火车的机械结构，再到火车发展的历史，并同时带他去火车博物馆亲自感受。

我觉得这可能与孩子很早就回东北老家坐过火车有关，他觉得与汽车相比，火车更神奇，所以他想了解。

汽车与火车相似，都是强有力的机械构造，因此儿子也很喜欢。而其中的工程车也很有力量，各种专用车辆种类繁多，他也慢慢对这些东西感兴趣。而且这类模型也更多，书籍也更多一些。

对这些汽车模型，他很喜欢观察里边的结构。这个时候，我认定他其实本质上是喜欢这些机械构造，我就顺势向他推荐了轮船、飞机，甚至火箭，以及城市的交通运行网络，他也大多比较感兴趣。我同时还想利用他对机械的兴趣向科学原理方面引一引，还买过一些磁铁玩具，让他感受到科学的奇妙，有一阵他还是很痴迷的。但当我准备大规模推出相关书籍的时候，感觉还是没有太深入下去，可能还是有点难。我还尝试过足球及相关的书籍，也暂时搁浅了。

对于这些推荐的书，往往还是要由作为推荐人的我先讲讲，把兴趣开个头巩固住，妈妈再接着重复讲，大致一个类型的新书就可以纳入他的认知范围了。

对机械感兴趣是好事，但是这里边完全没有人，孩子如何学会与人相处呢？我家孩子从小就不太愿意与小朋友玩，比较独，这也是我很担心的。

这时候，我向他推荐了变形金刚，它们又是机器，又是人，可以比较容易为他接受。我买了一套变形金刚的漫画，给他讲擎天柱的故事，也带他看了《变形金刚》老版的动画片，有一阵他还是感兴趣的。

但是那套漫画对孩子还是有点太难了，最后他只是记住了擎天柱，在漫画里也只是找擎天柱，动画片和漫画书的情节不对应，无法融入故事当中，所以坚持的时间并不长。主要是我爱人也不太感兴趣，没有什么动力讲，这也是其中一个原因。但是没有关系，认知契机有时候是要碰的，有时候就是我们埋下的种子，到了时候就会生根发芽。

3. 从恐龙到泰坦鸟

我种的一些别的种子，现在就长得很好。比如变形金刚里边出现过机械恐龙，孩子看了是感兴趣的，我就和他讲了讲恐龙的故事。

而且我们家离着古生物动物博物馆也很近，有一次我本打算带他去天文馆了解宇宙的，因为之前不是研究火箭了嘛，但是里边有点黑，孩子害怕了，没多久就出来了。我就提议去恐龙博物馆看看，而且和他说霸王龙多么厉害，因为他喜欢厉害的东西。

好像力量的想象和放大，是很多小男孩共同的爱好。

古生物动物博物馆虽然不大，但是东西还是挺全的，孩子果然很喜欢。

虽然他对骨骼还是有点怕，但兴趣还是很大的，而且那里做得也比较人性化，很多恐龙还起了很童趣的名字，记得还有一个恐龙腿骨放在那里，让孩子们比身高，我儿子一把就把恐龙腿骨给抱住了，还不放手。给我吓坏了，生怕他把化石破坏了，赶紧拉开。

但是后来志愿者告诉我们那是仿制品，这才放心。

对恐龙感兴趣就好办了，因为恐龙也是一个很大的认知链条，周边产品也特别多，比较容易深入。而且恐龙作为一种生物要比火车、汽车复杂多了，恐龙的种类多到数不过来，而且还涉及不同地质年代，生活习性差异也很大，相互关系复杂，是一个很庞大的认知体系。

还有很多恐龙的故事书，图谱，恐龙毕竟是一种生命，很容易编成拟人化的故事，这方面的绘本也很多，有些还很精彩。

总之，恐龙这个认知领域，其复杂程度上升了一个量级，一旦陷进去就出不来了，到现在也没有出来，他现在的理想就是当一个古生物学家，复活恐龙。就光古生物动物博物馆我们就去了几十次了，还有自然博物馆若干次，已经达到痴迷的程度。我们还专门带他去过常州的恐龙园，同期也去了南京和苏州，但是他对这两个地方已经全无印象。

当时他对绘本的评价完全以是否有恐龙为标准，我想给他适当扩展一些范围，买了点别的书，他就挑啊挑啊，然后问：爸爸，这些书都没有恐龙啊，怎么看啊！我们把能看的恐龙电影都看完了，侏罗纪系列也看了好多遍了，一概拒绝其他题材的电影。

后来在连哄带骗的情况下，看了一下海底总动员，他对海洋生活也感点兴趣了，为此还去了几次海洋馆，并进而也喜欢上了海底小纵队。后来为了不让他老看视频，我还给他看买了海底小纵队的书，听海底小纵队的音频。很多天晚上都是听着海底小纵队睡着的。

记得有一年快过年的时候，看了两场海底小纵队的话剧，里边出现了猛犸象、泰坦鸟这些远古生物，他看得很入迷，而且老问我泰坦鸟的事，但是与之有关的书籍极少，我也说不上来。其实，我也是第一次听说这种生物的存在。

我知道我的机会又来了，就又给他买了猛犸象、泰坦鸟的模型，把这个认知契机先留住。然后我就去找史前哺乳动物的书籍。我还顺势推出了《疯狂原始人》《冰河时代》这些电影，而且正巧《熊出没》当年推出的电影了也有泰坦鸟，这就把从恐龙到人类社会这一中间的进化链条补上了。

而且在我们来过上百次古生物动物博物馆之后，我们也终于上到这个博物馆的第三层，开始了解史前哺乳动物的历史。以前是打死也不上来的，因为没有恐龙。

但可惜的是，这一领域的绘本很少，商业对这一领域开发的还很不够，可能比较小众吧。只有少量的科普作品，剩下的就只有专业书籍。但是随着认知链条的发展，专业书籍也得上，否则很多史前哺乳动物的资料都查不到了。事实上，恐龙到最后也上了一些半专业的书籍，有时候他抠得太深了，有些儿童绘本确实也有矛盾和不准确的地方，被他发现了。

有了这个环节的认知，生物演化的基本认知链条就具备了，就比较容易推出有关进化论的一些知识了，可以将这些生物学的知识串联起来，而且关于生物演化的书籍也有不少，而且也是我本人比较感兴趣的领域，同时还带他听了古生物动物博物馆小达尔文俱乐部的几堂进化论讲座，虽然讲得也没有那么有趣，但他竟然全程听下来了，就这就很不错了。

在研究恐龙的过程中，恐龙的灭绝是一个绕不开的话题，这里边自然就出现了小行星和陨石，这就为了解地质学创造了一个微小的契机。后来也听过陨石讲座，参观了地质博物馆，研究了一些矿石，尤其是侏罗纪世界里边提到的琥珀他也是很感兴趣。总体来说，这条认知支线不是特别成功。

他的认知领域还是牢牢地被恐龙锁住，虽然我也极力向史前哺乳动物扩展，但没有走很远。但是由于以前看电视积累的对《熊出没》的兴趣，和对其他电影中涉及的现存生物的兴趣，我还用力推了一下动物类电影和绘本，比较成功的是《狮子王》，以及有关丛林探险的漫画故事，本来那套书我都没有十分看好，但是正是因为里边有些孩子气的胡闹乱搞，才吸引孩子吧。他对有着史前历史背景，又极为凶狠的鳄鱼和巨蟒的兴趣尤其强烈。

力量还是他的最爱，但是我们也发现他对故事性和复杂性也有了更高程度的需求。

4. 从龙到《西游记》

虽然电视不让看了，为了鼓励他的认知兴趣，我们允许孩子每周在家里看一场电影。很多时候他都要求看恐龙电影，但是为了拓展他的认知范围，后来我巧妙地选择了轮流选片制，虽然也没有被十分严格地遵守，但我还是也趁机推出了《汽车总动员》《玩具总动员》《功夫熊猫》，只是效果并不尽如人意。

孩子对《海王》还是比较感兴趣的，《阿凡达》都耐心地看完了，是因为那里边有飞龙。所以不用真的是恐龙，飞龙也行。因为那也叫龙，虽然一开始因为没有化石依据还不是很情愿，但是因为恐龙电影的枯竭也只好将就了，这样，《驯龙高手》系列一经推出也受到他的欢迎，甚至《贝奥武夫》都行。我还在考虑要不要推荐《权力的游戏》，思来想去，还是再等等吧，不能特别急。

事实上，虽然孩子有自己的主见，但是他也很容易被自己所局限，所以有时候需要我们帮他们打开一些认知的范围，他会看到一番新的天地。在他迷恋火车、汽车的时候，他并不会知道自己会这么迷恋恐龙，而现在他看到了史前哺乳动物和现存动物也同样可以充满兴趣。当他们能够接受传说的龙的时候，说明他的抽象能力也在提升，可以接受更为广阔的人类精神世界。而这也正是人类成为一个共同体的基本纽带，一个想象的共同体。

他能够接受传说就好办啦，我顺势又给他介绍了中国龙及其传说，给他买了十二生肖的故事书，以及龙生九子的故事书，他也能够接受。当他有点对中国龙感兴趣的时候，我又给他推荐哪吒的故事，其实我的真正目标是西游记和传统文化。但我知道这是一个大的计划，不能着急。

在他三岁的时候，我就买了《凯叔西游记》，想让他能够接受一下传统经典，只不过那时候他完全不感兴趣。后来我还买了金箍棒想引发他的兴趣，虽然他也喜欢比画一下，但是终究还是没有进入这个认知范围。

但是我感到传说中龙的概念在发挥作用，这成为他走出恐龙时代进入传说时代的一个桥梁。正好《哪吒》电影刚出来，我觉得还不错，打打杀杀，冲突很激烈，他可能会感兴趣。我就跟他说这个电影，哪吒大战龙王三太子，也就是和龙打架，你要不要看，第一次他就看了一半，前边的铺垫都不太爱看，就看了与龙打架那一段了。后来他主动要求完整看了一遍。然后他就对这里边的龙很感兴趣，我说你要想系统研究龙，那得看《西游记》了，《西游记》有东海龙王。

我没有马上推出整部西游记，一旦被他拒绝就满盘皆输。因为他对自己的选择是比较固执的。因此，我先给他看了《猪八戒吃西瓜》这种单本的绘本，让他感到猪八戒很搞笑，以增加趣味性。后来又抛出狐狸家的几本很有童趣的《西游记》绘本，引发他进一步的兴趣。随着他对《西游记》兴趣的渐浓，又答应他可以看《西游记》的视频。因为平时我们对他看视频是有管制的，这样一放松，他很容易就同意了。

我爱人打算推荐他看 83 版电视剧《西游记》的，因为她也很爱看。但是真人演的小孩子接受难度还是大一点，他没法完全看进去。后来就选择看了动画片版的《西游记》，一开始还要陪着看，讲一讲。看进去了之后，不用陪也行。

而且在我的强烈建议下，已经很久没有电的凯叔《西游记》玩偶也充上电了，可以在白天播放。因为疫情，幼儿园也一时半会开不了学，我想也不要荒废了。学学《西游记》也挺好，允许他每天写完作业可以看三集《西游记》，有时候表现好也可以看四集。由于听《西游记》不受限制，可以完全放开听，平均一天可以听四五个小时。

我一看已经进入状态了，就把《凯叔西游记》配套的书也买了，这样可以同步教学，加深印象，有时候他自己也能看，对照人物和情节。虽然现在仍然喜欢恐龙，但是已经迈入了西游记的领地。随着对人物、故事情节的了解不断加深，他自己也能讲出一些故事了，比如一次吃饭的时候给我讲了一个真武大帝的故事，我以前都没听过，我爱人回头跟我说，跟凯叔讲的风格还挺像。其实是因为他听太多遍了，估计得有十几遍了。我有时候也会和他讨论一些发散性的问题，他倒是也都能应付。

《西游记》快要看完的时候，我就想趁热打铁，让他对更为复杂的《三国演义》也尝试一下。主要是开学依然遥遥无期，还是充实一点比较好。而且他这个时候对兵器已经有了很大的兴趣，能够自己背下来十八般兵器谱。

我和他说《三国演义》里有很多兵器，各种兵器在打架，也很有意思。看完《西游记》，可以允许你再看《三国演义》的动画片。他可能以为不看三国就没有动画片看了，所以很快就同意了，因为能看动画片就行。我爱人对此也很支持，她也觉得《三国演义》很有意义。

而我认为这也是从神话引入真实历史的一个很重要的契机。这将是一个更大的认知领域。为了鼓励他认真看下去，我全程陪他看完了《三国演义》的动画片，开始的时候他的兴趣也不大，到了吕布出来才有点兴趣，但是看到后半部的时候可能还是看不懂，老是吵着看《西游记》。为了鼓励他，我还给他买了木质的方天画戟，因为他知道吕布武功最高强的时候，就特别喜欢吕布。虽然我和他讲了吕布有勇无谋，人品有问题，即使后来他也知道诸葛亮很聪明，但这也无法影响他对武力值的崇拜，可能是他还没有完全走出力量崇拜的阶段。

每天在写完作业之后，我允许他玩半个小时方天画戟，并答应能够坚持 21 天按时完成作业就把方天画戟送给他。后来还买了十八般兵器的小模型，让他寻找每种兵器的使用人，只要能找到 9 种兵器的使用人，就可以送给他，目前已经找到 7 种。

虽然也买了《三国演义》的书和音频播放器，但是兴趣还是没有《西游记》大，在写这篇文章的时候，他已经开始看《西游记》动画片的第二遍了，听了无数遍《西游记》，我问他你现在擅长西游记这门课了吗？他说：那可不好说，我现在只能讲一些片段，还不能讲一个完整的故事呢。他对自己的要求还挺高，我想《西游记》能研究明白也行啊，《西游记》看似童真，但蕴含了很多中国文化，其人物关系网的复杂性和体系性也是恐龙不可比拟的。至于《三国演义》嘛，能看完一遍就行了，这个大种子反正也已经种下，等着什么时候发芽吧。

5. 认知规律

我发现孩子和大人一样，认知契机都是稍纵即逝的，所以一定要果断地抓住。一旦抓住就可以打开一片新的天地。

而认知兴趣是难以通过强迫的方式获得的，很多时候还是需要引导，激发，甚至创造一个让其主动发现的环境。

比如，我原来买书送给他，他就觉得送给他的书是理所当然的，就不是特别珍惜。我爱人极力主张我降低买书的频率，后来就改为特别的节日，或者特别表现好的情况再送。

但是我发现有时候认知契机出现的时候，赶不上节日和特别表现好的时候，按照传统的规律，就会错过。如果按照我们的节奏再给书的时候，他对新的事物就失去了兴趣，结果只能是恐龙、恐龙、恐龙。所以认知契机是不能轻易错过的，它是开启新天地的钥匙。

我还会将一些他可能感兴趣的书散放在我自己的书上边，有时候他很喜欢看看我在干什么，我看什么书，这样他就会在"无意"中发现这些好书，就会请求我把这本书送给他，我也会根据喜欢的程度，以及节日是否临近，选择一个好的契机送给她，他也会因为是自己发现的而坚持说喜欢，至少要看一两遍，如果真的喜欢就会一直看，如果发现不感兴趣，至少也是一种尝试。

再后来我会把给他买的新书都集中放在客厅里，当他自己觉得表现好的时候，他就会告诉我，我就允许他自己挑一本自己喜欢看的新书。他对自己挑选的书往往还是能够坚持看下去的。这可能是基本的人性，为了证明自己的正确性，而强化自己的立场。所以让他自己发现和挑选，就给他一种主动性，更能让他投入进去。

所谓抓住认知契机，其实不是我们在抓，而是我们帮助孩子抓住认知契机，因为是否看书、是否投入一个新的领域进行连续的认知仍然是自己的事情，即使是小孩，我们也无法替代他思考。即使我们给他读书，如果他不喜欢听也将失去意义，而且他会直接地拒绝。

但是仅仅顺从他自己的意愿，他又会陷入有限的认知范围出不来，他无法作出他们不知道的选择，他们的选择面太窄了，我们就是要引导他们扩大认知的范围，再去做选择，所谓循循善诱，可能指的就是这个。我们帮助他们抓住一个又一个的认知契机，其实就是让他们对这个世界充分了解后，找到他们真的热爱。

由于视野的原因，在没有了解一个新生事物之前，他并不知道自己是否真的喜欢，但是因为习惯于熟悉的故事结构和思维方式，一般人也都不愿意接受新生事物，这就是所谓的路径依赖吧。只有帮助他尝试一下，他才会知道是否喜欢。这个尝试就是一个认知契机的窗口。

因为一个事物里边总会有别的事物的身影，对这个事物熟悉的过程就是对他们的背景和衍生事物熟悉的过程，而这些衍生事物背后可能就是巨大的认知空间，我们抓住这个衍生事物作为认知窗口，就可以走入一片崭新的天地。这个崭新的天地原来由于缺少桥梁而显得过于陌生，以至于孩子不敢或不想接近。但是由于一个桥梁连接，就像通过一个朋友的介绍，陌生人就显得没有那么陌生一样。这是一种信用背书效应。

所谓爱屋及乌，喜欢一个事物也连带着它的衍生物，看到与衍生物相关的东西，也会觉得大概是有意思的，是值得尝试的。

其实我自己看书也大致是这个规律，看到一个人的作品有意思，就可能会看这个人其他作品，看到他作品中提到的其他作品，我也会跟着看下去。亚马逊的算法就对我很有帮助，我会看其他人买了这本书还买了什么书，然后通过筛选再看下一轮的同类推荐，然后一直延续下去。另外在看文章、听书的过程中，我会将其中提到的好书第一时间放入购物车，把这些可能感兴趣的书目都及时地记录下来。

我在思考一个主题的时候，有时候会很发散，经常会突发奇想，想到一些值得研究或者写作的主题，我就把它们赶快在手机上记录下来，成为我下一篇文章的主题，甚至下一本书的主题。

能够想到这个主题其实心里就大致有些想法了，强迫的话是可以写个大概的，而在写这一篇的时候往往也会不经意地激发出下一篇的灵感，这些灵感是非常宝贵的，需要马上记录下来。

因为它们就是一个又一个的认知契机，是可遇而不可求的东西，让我现想是想不起来的。所以，我也会抓住自己的认知契机。

　　事实上，社会也有着认知契机，"二战"过后，对于和平的长久维持，"文革"之后对于以经济建设为中心和法治价值的认知，现在对于公共卫生的反思，不借助这些认知契机便不会有足够的关注，足够的投入。关注度不够，就不会形成真正的制度重建，相似的危机就有可能重演，就像"一战"之后的"二战"一样。但认知的契机窗口是稍纵即逝的，如果我们不能深入进行反思，就无法走出危机的循环逻辑，真正开启新的世界。

后　记

我在选择检察院之前曾经给一个师兄打电话，问他检察院的工作到底怎么样？他说就是公务员。

当然那个时候，他刚入职也就一年，也可能是还不了解。但是如果工作的时间长了，和在校的师弟师妹也就够不着了。我当时就想问个更早毕业的师兄，但是没有人认识。

也许我现在就是那个师兄，毕业也足够早了，我可以说一说了。

也许这就是我的责任吧。

而我给出的答案要复杂得多。

对于本书我要感谢很多人的帮助。

我要感谢龙宗智老师为本书赐序，龙老师是我最推崇的刑事诉讼法学家，他的文章和作品总是给人畅快淋漓的感觉。我们的相识缘于一次高级检察官论坛，龙老师在大会发言时点名引用了我那篇《检察再出发》的文章并肯定了我的观点，让我受宠若惊，也感到龙老师对后辈的提携不遗余力。龙老师的学风、人品是我一生的榜样！

我要感谢张建伟老师为本书赐序，张老师是我研究生时的授业老师，他让我得以洞开刑事诉讼法学的门径，他的思想总能独辟蹊径，让人耳目一新，其影响力早已跨出法学领域，感谢他一直以来对我的鼓励和帮助！

本书在写作过程还得到了很多朋友的帮助，在这里一并向他们表达谢意！同时还要感谢我的公众号"刘哲说法"的读者们一直以来的支持！

我还要感谢清华大学出版社刘晶编辑以及其他工作人员的辛勤工作，他们对书籍的品质总是孜孜以求！

最后，我要感谢我的家人，他们始终在背后默默地支持着我！

2020 年 9 月 18 日于西直门